好玩的

的

学校文化
重建五讲

教育

凌宗伟 著

U0331189

华东师范大学出版社

图书在版编目(CIP)数据

好玩的教育:学校文化重建五讲/凌宗伟著. —上海:华东师范大学出版社,2015.6
ISBN 978 - 7 - 5675 - 3745 - 3

Ⅰ.①好⋯ Ⅱ.①凌⋯ Ⅲ.①教育事业-发展-研究-中国 Ⅳ.①G521

中国版本图书馆 CIP 数据核字(2015)第 136623 号

好玩的教育
学校文化重建五讲

著　者	凌宗伟	策划编辑	彭呈军
审读编辑	郑　月	责任校对	土丽平
装帧设计	崔　楚		

出版发行　华东师范大学出版社

社　　址　上海市中山北路 3663 号　邮编 200062

网　　址　www. ecnupress. com. cn

电　　话　021 - 60821666　　　　　　　　　　行政传真　021 - 62572105

客服电话　021 - 62865537

门市(邮购)　电话 021 - 62869887

地　　址　上海市中山北路 3663 号华东师范大学校内先锋路口

网　　店　http://hdsdcbs. tmall. com

印　刷　者	常熟高专印刷有限公司	开　本	787×1092　16 开
印　张	11.5	字　数	153 千字
版　次	2015 年 9 月第 1 版	印　次	2017 年 7 月第 3 次
书　号	ISBN 978 - 7 - 5675 - 3745 - 3/G・8408	定　价	28.00 元

出 版 人　王　焰

目　录

1 第一讲　学校行为文化与学校发展

2 第二讲　校长与学校行为文化建设

3 第三讲　教师与学校行为文化建设

3.1　好教师的几个特征

第四讲 学生与学校行为文化建设

第五讲　家庭与行为文化建设

我的"理想国"（代序）

古希腊哲学家柏拉图在他的传世经典《理想国》中，描述了他对理想社会的期许和设想。在我看来，这种有关建构人类大同社会的设想，也同样适用于教育领域。

比如，我以为，清晨的时候，我们的孩子不必担心昨晚来不及完成的作业，可以边悠哉悠哉地吃早点，边满心憧憬新一天的惊奇、欣喜、思考和收获；走进校门时，能够听到来自同龄人主持的广播，甜美又带点俏皮的嗓音，伴着优雅的音乐，预示着一个新的幸福的起点。那些如催命般嘶吼的铃声和老师焦灼等待的眼神也许都歇息了吧，学生感觉一切都很自然，有一种难以言说的生命感，并愿意融入其间，让自己成为其中的一部分。

晨读，他们可以阅读牵挂了一个晚上的某个名著片段，也大可以朗读 ABCD，或者历史、地理之类的人文学科。当然，若是一定要用笔和纸来完成若干"书面阅读"，也不会有人立马跳出来反对。毕竟，时间是他们的，没有人能够蛮横地抢夺了去。他们几乎认为这不能算作是什么学校意志，或者继续上升到某种更高境界的高深说辞，而只觉得这是自己生活的一种必须，是一个成全自己的必要过程。当然，像"抽背"、"默写"之类的做法，已成为历史，在这样的情况下，学生就不再担忧，或是恐惧阅读了。

课上，他们可以有很自如的空间，不必几十人挤在烦闷的、有时还飘散着混合了包子、烧卖等特殊气味的角落。他们可以敞开心扉和老师、同学对话，但在发言时又保持着应有的尊重和理解。他们可以用小纸片写出自己的某个想法，贴到教室前面的涂鸦板上，等待老师或同学做出解答。要是愿意，还可以坐在一个不妨碍他人的地方，享受阅读的美好；或者，补充老师讲漏的地方；或是出于自己的兴趣和积累，提出某个问题的"可能性"，请老师一起讨论。他们可以和同桌、同组的同学一起完成地下水循环模型，一起出一张宣传海报作为"有趣的作文练习"，一起做孔明灯感受热对流的奇妙。他们可以和别人辩论，形成正反双方，再有板有眼地见招拆招，兵来将挡；老师呢，则更像是个观众，为他们鼓掌和鼓气，顶多在最后，总结一下。

有自由，有底线

虽然享受着自由，但孩子们同样也有底线的束缚，需要遵守基本的规则并履行相关的义务。比如说课上不吃东西，不喧哗，不起哄，不轻视和冒犯集体或他人的权利、荣誉、尊严。这些自我管束使他们更具理性精神，更有机会成为他们想成为的人。

在这45分钟的特定时间内，他们很难感受到教师的威严，不需要不停地做笔记。他们的周围是一个多元的环境，很少有人警告他们说必须记住这个背下那个，很少有人用命令的口吻对他们讲话，或是威胁他们离开教室。他们的身边，也不再是被"统一答案"、"标准答案"堆砌出来的单极世界，不再有被假话哄骗的隐忧，不再有水深没顶的题海，不再有因睡眠不足而被迫与瞌睡虫作斗争的尴尬。

或者这样说，这个国度完全属于孩子了。他们几乎要怀疑为什么有人会造出"听课"这样的词汇来。"课"，仅仅是用来听的吗？听只是一种接受的方式，那"课"就是一个要被学生接受的东西吗？不，显而易见，它应该是用来享受的，是用来品味和启示人生的，或者从更具诱惑力的观点看，是用来寻找和确定自己存在的意义的。如果做不到，至少，也不要被"听"羁绊了自己——他们已经幸运地远离了那样的年代。现在，课堂属于他们，属于他们的感官、他们的身躯、他们的思想、他们的灵魂。超越了听说读写的"正统标准"，课堂就是一个通过展示、交融、碰撞、互生、启迪，以及在关爱、呵护、平等、自由的氛围里，加速每个人的人格成长和心灵健全的特殊时空。所有自主性的体现来源于挑战，所有创新性的脱胎始自于怀疑，所有辩证性的获知根植于实践（验），所有感悟性的跃迁得益于思考。这就是课堂的所有使命，简单而复杂。

课下，是一个更为广阔的空间。校园早被孩子们的手打扮得青春味十足，一种极富多元化和亲和力的氛围让人感叹自己学生年代的"流金岁月"简直不值一提。这里有同学们的书画作品、编织小样、插花、剪纸，有他们自己编撰的小报、色彩斑斓的"留言墙"，以及各类的工艺手工小件，它们挂满了墙面、橱窗、走廊之类的公共场所。哦，还有花花绿绿、形式各异的海报，它们也会挤在其间，竭尽全力地用许多有趣的细节吸引你：下午3点，有"畅想杯"篮球联赛的决赛；4点，有舞蹈表演，尤其是精彩的街舞不容错过；晚上8点，有场颇为激情的演讲赛，名叫"我有个梦想"。孩子们就时刻生在这样充满"可能性"的环境中，足以为自己的才华找到生根的地方，也为自己的存在找到更多有助的价值参考。比如，要是一个孩子是某一社团的负责人，就会定期地召集自己的一班人马，设计些新颖的活动，然后在全校师生面前展示，让包括校长在内的所有老师和同学为他们的才华和辛勤的付出而喝彩。当然，有时候也不免遭遇诸如年龄、人手、时间、经费之类的考验，甚至连糟糕的天气也会破坏他们的计划和期待，但这又算得了什么呢？这都是自我成长中重要的一部分啊。

万物皆备于我

只有在这里，我们的孩子才会明白，"万物皆备于我"。所谓教育，不一定非要拘囿在教室之中——校园、野外、大自然，乃至目之所及，都可以是无形的教育场所和教育资源；而且心灵和智慧在教室之外获得的东西，是完全无法由任何一种优秀的课堂所替代的，哪怕是痛苦和挫折也有它们存在的道理。

他们所有的活动、兴趣和那些似乎并没有明确指向性的涉猎，都几乎遭遇不到来自父母"不务正业"之类的斥责，也无需直面以"分数"之由施以的冷酷无情的绞杀，因为每个人都是这样。大家都在这样的教育场景中接受组织力、领导力、表达力、协调力、理解力、创造力的历练，逐步走向成熟和完善，渐渐厘清自己究竟要做什么，能做什么，做好了什么。自然而然，也为生命添上了一道厚厚的底色。

相比于传道授业，孩子们更倾向于认为老师是一些年长的友人、故交，他们和蔼可亲,常与你推心置腹,分享他们的所能,并坚持陪伴你每天的成长,他们彼此启发,互相纠正对方的谬误或偏见;彼此受泽于对方的光芒,褪去无知和傲慢。公平、平等、博爱、自由,是孩子对世界提炼的关键语,所谓的知识或经验早已不再是师生间的障碍,而是他们相互沟通的基础。老师,不再是无所不知的万能者、一言九鼎的终审者或铁面冷峻的监管者,不再代言着意识形态、阶级利益或所谓的那些"真理"和"真相",不再用"虚拟语态"讲话,不再坚持诸如以"分"定人、以"分"划人、以"分"治人、以"分"度人的一元论,也不再扮演假期里的主角。是的,这些"不再",连同那些尚未提及的"不再",基本就构成了孩子们对"老师"的全新定义。但就在这中间,孩子们的生命因了本真的原初性而具备了真实和灵动。

校园里,孩子们还可以见到心理健康老师,他们可以解答孩子们青春期的种种烦恼,他们会想方设法地通过广播、报纸、展板和活动周与孩子展开对话,他们愿意以最大的诚意显示出自己对孩子每一秒的在乎和关注,利用他们的专业背景和生动有趣的演绎诠释,让你渐渐发现自己、了解自己和宽容自己,教会孩子从表象逐渐深入到背后的某些隐秘和必然,令孩子远离害怕、担忧和不安。有时候,即便什么问题也解决不了,但他们无声的倾听,也可以成为孩子排解不良情绪的一剂良药。老实说,这一切发生得非常玄妙,难以言述究竟是怎么发生和改变的,但的确已经朝着某个令人欣喜的方向,悄悄地改变了。

生活的周围,还有很多大树,像一把把擎天的伞,庇护着孩子;也有很多叫不上名的花儿,就像孩子一样自由地盛开着,彼此微笑;更多的,是惹眼的草丛,嫩绿嫩绿的,留下人们太多回忆和慨叹。身在其中,师生之间就像一棵树摇动另一棵树,一朵云触碰另一朵云,一个灵魂唤醒另一个灵魂一样,用不着期待着师长对一切事物给出所谓的"答案"。

还有,当孩子们在开水房耐心等待时,当他们在食堂就餐的小径上遇上后勤师傅时,当他们在宿舍的墙上贴上自己新写的诗赋时,或者在小店接过心仪的文具时,每个人都会发自内心地微笑,心里也都洋溢着一种欢愉的轻松感,就好像世界都在向你微笑一样。

这样的画面一直在脑中萦绕……这样的教育才是好玩的。

有一天,有孩子问我,凌老师,你在找寻什么? 我告诉他,我在寻求自己眼中的好学校。

就像是一幅这样的场景:我们生活在此岸,那些我日夜思想的景象在彼岸,晴空万里时它是那么的清晰,仿佛我看得到学生的眉飞色舞,我听得到学生的欢声笑语;但现实的迷雾、幻影、假象常常让人陷入自我假设、自我期待和自我否定的眩晕中,它们纠葛在一起,时常将这样的画面阻挡。我突然明白,在"此"与"彼"间,我要开出一条道,要搭起一座桥来。我要向我的同事、我的学生们、我的朋友们一次又一次描绘这样的画面,希望我所期望的这些画面,也能在他们心中逐渐清晰。我需躬耕而行,披荆斩棘,垫起一块石;牵绳引索,铺上一块板。我渴望呼朋引伴,让他们在我垫实铺稳的路上桥上走过;我更期待,有越来越多的人与我一起做着同样的事。

学校行为文化建设,就是在我渐渐老去的时日里,实现这些期待和理想的路与桥。

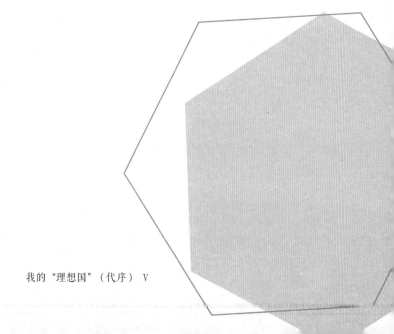

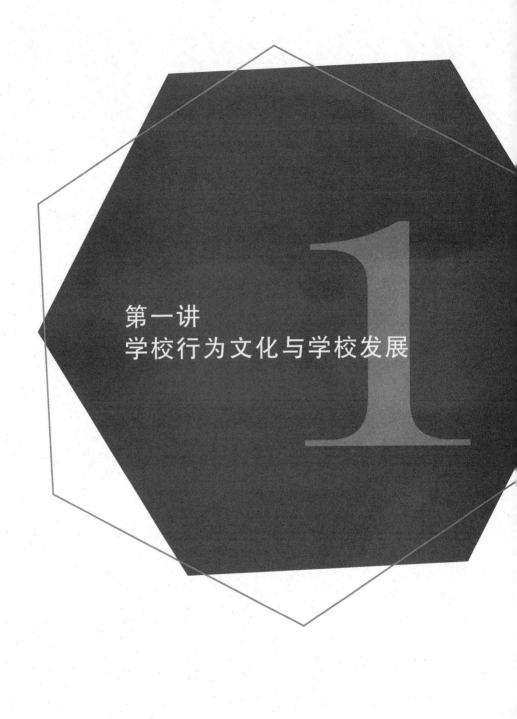

第一讲
学校行为文化与学校发展

1.1 行为文化建设，一条可行之路

1.1.1 "行为文化建设"：一条可行之路

学校行为文化建设，何以是我实现教育期待和理想的路与桥？关于理想学校的场景，我时常在脑海中浮现出的是孩子们健康而快乐的脸庞。那是他们应该有的模样。实现这样的场景，是学校教育的终极目标。

"学校行为文化建设"中，"行为"的内涵首先指的是学校行为文化建设的目标是师生理想的生命状态的实现。这当中，我特别看重的是师生的精神状态、文明举止、行为习惯等。教育是使人成为人，由自然人成为社会人，其内涵就是为人要儒雅，要有深度，要有知识，懂得谦让，懂得尊重，懂得珍惜，懂得关爱，也就是所谓的"文化人"。

"学校行为文化建设"中"行为"内涵的第二方面指向的是学校教育的"实践"哲学。它不是一个虚幻的理念和空洞的口号，其效果的呈现方式应该是人的各个方面的成长。

"文化"的内涵则是指我们所追求的教育效果应当是稳固而持久的。既是个体状态的稳固持久，也是群体状态的稳固持久。那个问我在找寻什么的孩子，我们所给予他的教育，应该对他人生的各个发展阶段都有助益；学校教育对这个孩子的助益，同样适用于对他的孩子。这才是"文化"应有的状态。

"建设"指向的是行为文化的实施策略、方式和路径，它是"行为"哲学的具体实践。

学校行为文化建设的现实意义首先在于，当我们对教育的目的有了清晰的定位和追求的决心时，学生个体的发展就具有了更加丰富的选择，学校教育也能为学生的发展提供更加适宜的帮助。

学校行为文化建设的现实意义还在于,学校在实现师生生命成长的过程中,同样也丰富了自身发展的可能性。

席勒说过:"走出空间危机的唯一办法是重新建立一个新空间。"对二甲中学(我曾担任校长职务的学校)而言,这句话非常适用。2008年,新的学校领导群体建立伊始,就把二甲中学工作的着力点放到了"重建"二字上。学校事务繁杂,应当"重建"什么?如何重建才能达到事半功倍的效果呢?在我们看来,学校首先应当重建的是文化!因为"文化管理"是管理的至高境界。在"文化重建"中,我们将着力点放到了行为文化上。我们认为,思考并不能使我们养成一种新的实践方式,而具体的实践却可以帮助我们形成一种新的思维方式。一旦有了实际行动,信念就直接表现成了行为,而行为又会导致具体的结果。从这一角度来说,行为可以被看成是思想与实际的具体连接点。这就是我们重建文化的初始动机。

学校行为文化是指学校在创造物质文化和精神文化的过程中体现出来的文化行为,包括管理机制的建设、学校办学规范和师生行为规范的建设、课程实施与建设、资源开发与整合、教育教学、教育科研、校园生活的运行乃至家校共建等。从某种意义上说,学校行为文化涵盖了学校工作的方方面面,抑或说学校的各种文化最终都是通过行为体现出来的。它的生成与重建必将给学校带来新生机、新气象。

学校行为文化建设的现实意义还在于,它能帮助教育者更加合理地检视和选择教育行为。当我们把教育的目标定位在升学,学校教育就会出现按照分数的单一标准区分出"优等生""差等生"、"快班""差班"这样怪诞的行为。当我此刻在为这部书稿做新一轮的梳理和修改时,感谢云南昆明的毕首金老师为我的这个观点提供了生动的素材:从1984年从教至今,30年的课余时间,毕首金老师让塑料管、废木片、旧轮胎、破篮球、废铁丝等物品在他的手里变成了体育教具,有大板鞋、踢踢球、橄榄球、保龄球、大弹弓……毕老师的坚持和付出或许与学生升学无关,但从孩子们快乐纯真的笑脸中,我们能体会出毕老师付出的价值与意义。

1.1.2 改变,已然开始

广东第二师范学院的许锡良副教授在《教育时报》发表的一篇文章中这样写道:"除了一流的厕所文化外,我印象深刻的是在教学大楼大门前的 5 台电脑。这些电脑都是联网的,没有安装任何限制性的软件。虽然只有 5 台,但是,经常有学生在使用。我去看的时候,有几名学生正运用电脑查找学习资料、浏览学校的博客,还有一名学生正在下围棋。我凑上前去,下围棋的学生不好意思地关掉了围棋游戏。其实学生下点围棋也是很不错的啊,他们也不一定每时每刻都要学习知识才行。网络总体来说是个好东西,里面有那么多的学习资源。"

在行为文化建设的大背景下,学生的生命得到了极大的舒展,教师的成长也同样令人瞩目。细心的人只要看一看二甲中学教师的博客就知道了,季勇《我的班级"散养"观》、朱建《教育是栽培,而不是选择》等一系列博文既是在谈培养学生的问题,又何尝不是教师本身教育观念的转变! 如果借用张文质老师的两个笑谈,也许更能够为二甲中学的行为文化建设做上注解。其一是"既是心灵上的好教师,又是体制下的好教师",近几年,一大批年轻教师在各级各类教育教学比赛中获奖,一系列的教科研论文得以发表或获奖,学校也被上级教育主管部门授予了一系列集体荣誉,这可以算是"体制"中的成长。另外,"以行为改变行为"的思想已经深深融入二甲中学的教师心中,他们自己阳光又充满书卷气息,睿智又洋溢着灵动,如邱磊、朱建、季勇等都有了自己的研究方向。

2009 年 6 月 12 日张文质老师第三次来二甲中学演讲,老师们将张文质的演讲稿整理出来之后,看到张老师的帖子《我要特别感谢凌宗伟校长和他的团队》,让我顿时觉得我们的老师、学生已经焕发出了一种令人难忘的精神。整理工作,主要是那些年轻的老师做的,还有那些可爱的学生! 感谢他们的激情、认真和辛劳。因为他们的激情、认真和辛劳,我们才得以看到这些文字,我们才可能在不久后看到一本意想不到的书，一本反映一个教育学者对一所普通农村中学如此关注的教育行动录——《回到每一个人的生命化教育》。

想到了张老师的另一个帖子《钱理群先生和我将合力推荐"底层教育思想者"》，正是有像钱理群先生、张文质先生这样关注底层教育的专家、学者，有那些在底层专注于教育的教师，中国教育何愁无望！

二甲中学，一所普普通通的农村中学，因了张文质先生，因了其他各位专家学者，因了"行为文化建设"，在短短的几年内，悄悄地发生了巨大的变化：我们建立了"教育行者"博客圈、"心智家园"博客、"今天第二"青年教师读书会、"青年教师专业发展沙龙"。我们开展了班主任工作论坛，组织了教师读书活动，推行了"三个关注"（关注生命、关注生活、关注生长）的课堂教学改革，推进了学生的社会实践活动和课外社团活动，还搞了校园开放日活动等。之后，学校通过了通州市法治学校的验收，评上了南通市学生行为规范示范学校、全国作文教学先进单位、南通市教育系统先进集体、江苏省基础教育课程改革先进单位……想不到，想不到，也许，这就是文化的力量！

文化的重建，不仅可以改变人的观念，还可以改变人的行为！

这样的改变让我们对学校行为文化建设备感信心。

1.2 理念与行动的统一

1.2.1 只有理念转变,才是建设的开始

和其他行业中的管理一样,学校的管理面对的是人群,要提高管理的效益,改善并协调人与人之间的关系,需要激发管理者、教师和学生的积极性,需要以人为本。学校本就是传播文化的场所,学校办学实际上就是办文化。恩格斯指出,"在一切方法的背后,如果没有一种生机勃勃的精神,到头来不过是一堆笨拙的工具"。学校文化正是那种在背后推动学校前进的组织精神。所以,一个具有远见卓识的校长,眼光不能仅仅盯在教育、教学设备的现代化上,不能仅仅盯在方法的选择、规章的制定以及职能的运作上,还应该特别关注学校文化的建设,创造出一种推动学校前进的组织精神。

学校行为文化作为学校文化的一个方面,是一所学校历史文化积淀在一定阶段的显露,而作为学校文化"动态"的部分又是需要维护和塑造的,这些都需通过学校行为文化建设来实现,也就是说,成功的学校行为文化建设可以有效推动学校事业的发展。

行为文化建设,首先是要转变管理者和教师的理念,改变我们的行为方式,再通过我们去改变学生的理念和行为方式,进而影响学生家庭乃至社区的改变。学校的发展,关键在教师的发展。在实施文化熏陶策略的过程中,校长可以秉承学校的办学宗旨和办学理念,以开放的思路,敞开大门办学,采用读书感悟、专家培训、外出求学、博客交流等立体式的策略来引导教师的专业发展。为了使教师在专业发展中不断提升人生幸福指数,我们在教师培训上向来是不遗余力的。我们提出了"创造一切机会促使每一位教师的成长,使每一位教师都能成为有特色的名师"的发展战略。措施之一就是借助专家的引领。孙绍振、张文质、成尚荣、许锡良、王灿明、姜永杰、王学东等专

家学者,还有中国教育报刊社的编辑、记者等都受我们邀请走进了学校。此外,我还把认识的特级教师都"拉"了过来,他们的言传身教开阔了我们教师的眼界,进一步开启了教师的智慧,点燃了他们的激情。

张文质先生曾经多次和我们的管理者、师生和家长对话交流,与我们探讨学校文化发展的战略和策略、"三个关注"的课堂建设的思路以及家校协作的途径。他的到来,让我们更加明确地认识到:教育,是一项"立体性"的事业:既要有她的长度,即对人一生的发展负责;也要有她的广度,即促进人的全面发展;还要有她的深度,即应该以人生的终极意义为诉求,不断提升生命的境界。

为开拓管理者和教师们的视野,我们还尽可能地将校长、中层干部和骨干教师带到有影响的学校去参观、培训、学习。周边及远处的名校,都是我们"取经寻宝"的目标。我们还派教师参加了各类培训,如"全国初中语文新课程名师精品课观摩"、华东师大"两岸四地中小学校长高级研修班"和语数外等科目的骨干教师培训。同时,我们还努力引进教研活动,如市级的各种评优课、省乃至全国的学术活动,让接受培训的教师开阔了眼界。通过培训和观摩,很多老师都有了"惊异于天地之广阔"、"井底之蛙终于跳出来了"的感慨。

如何形成真正的"行为文化"? 除了专家的引领和兄弟学校的经验,更重要的还是要从学校的实际出发,形成我们自己的东西。这就需要我们有一定的理论武装和战略思考。我们给领导层发管理学方面的书,奖励教师们教育理论和实践方面的书。为使读书成为教师生活的一部分,我们的"青年教师读书会"经常开展读书心得交流活动。

为推动整个团队的研习和思考,我们成立了"青年教师专业发展沙龙",建立了"教育行者"、"心智家园"、"三人行班主任在线"等博客,创办了《今天第二》校刊,定期开展教育沙龙活动,这些团体活动有效地推动了学校全体成员的理念和行为方式的改变。

1.2.2　行动,兼具勇气和智慧

寻找出路

有了不断地思考和摸索后,行为文化需要找到一个突破口,并以此为基础,形成辐射。但在学校旧有的文化和制度面前,任何即使是善意的、科学的和精心设计的改变,都需要寻找合适的契机来付诸实施。

二甲中学的行为文化建设以何为突破口? 为此,我苦恼了很久。后来,我想到了校园里一个几乎令所有人遗忘的角落——厕所。

我灵机一动:"对! 改变,从厕所开始!"

这种理念来源于我女儿初二的时候去香港参观,回来后写的一篇《港澳印象》。文中说香港的厕所很干净,她进了厕所后脚不忍心往下踩,很担心将自己的影子踩碎了。这段文字给我的触动很大:原来环境是可以影响人的! 这是一种真实的、看得见的教育。

二甲中学之前的厕所,存在着所有厕所的共性:臭烘烘、脏兮兮! 于是我对后勤部门说:"厕所要改造,要以星级宾馆厕所的标准来改造。因为环境会影响人,改变人的!"我们为什么很少或者说几乎没有看到有人在飞机上随地吐痰? 因为在那个环境中他不可能随地吐痰。学生走进厕所,发现很脏,他也不会靠近,会找一相对干净的地方解决,于是厕所就越来越脏,越来越臭。其实道理大家也明白,就是很少将它当回事,因为总觉得厕所就是脏的、臭的。但道理一说,大家就觉得厕所的环境也要弄好。于是,改变就从改造厕所开始了。

厕所改造好不久,我去如厕,居然看到有人在那里拍照片! 我上前一问,对方回答说,镇政府也要改造厕所,就照我们这厕所来改造。这让我意想不到,却也在情理之中。

<u>边做边想，边想边做</u>

一所学校的办学理念必然会指导学校的各种教育教学行为，引领这些行为的发展与完善。

在"行为文化建设"理念的引领下，我们认真梳理了学校的校训、办学理念、育人理念、办学追求等，在师生践行中不断将之内化，对学校教育的取向进行思考。我们以"行于天地，止于至善"为校训，倡导以"卓越"为核心的境界追求，这是一种对完美境界孜孜以求的崇高精神。我们将办学理念调整为"办有灵气的教育，育有个性的人才"，育人理念变为"用智慧开启智慧，以生命润泽生命"，以此时刻提醒着每一位教师思考：应该怎样放飞自己的思想，怎样活跃学校的教育气氛，怎样去培养具有创新意识的现代人才，怎样根据每位学生的具体情况，采取相应的教育教学策略，开发他们的潜能，彰显他们的个性。

同时我们将办学追求定位为"今天第二"。这既是对今天的成就的充分肯定，也是对明天的教育的进一步展望。在我看来，"今天第二"，就是鼓励每个学生和教师，做最好的自己。"今天第二"意味着，没有最好，只有更好。人，永远是在不断地追求的过程中实现自己的人生价值，获得幸福人生的。每个人，都可以通过努力，获得发展。

张文质先生说，学校行为文化建设中的这些改变，确实充满了耐人寻味的智慧。它提醒我们要始终注视着自己身处其中的世界，既要乐观地估量自己所付出的努力、所能赢得的荣耀，又以一种行进的姿态，一种朝向完美、知其不可为而为之的心态，一种以自由思想对抗严峻现实的生命勇气，生活在值得我们为之而活的一切之中。我们要做的，就是把耐心、不屈不挠以及充满自制力的激情不断地融入学校正在生成的文化之中。

<u>知行合一</u>

可以这么说，我在思考行为文化建设时，始终萦绕在心头的，就是如何将思考和行动有机结合在一起。在学校厕所改造和停车场改造中，我渐渐找到了将两者结合的可

能。不管怎么说,对师生个体生存状态的关怀,映射着管理者的价值取向。在当今的氛围下,管理者不应单单将学生的成绩和纪律作为唯一的诉求,更不能为了学生的成绩和纪律盲目地剥夺他们丰富、多彩的生活,要把对孩子在校园里的生命的保障、生理的需求、身心的舒展等关注放在第一位。

在实现了知与行的适度结合后,我坚信,学校最大的管理并非纯粹是对师生的管理,而是要从符合师生人性的需要、保障师生人格尊严的角度出发,对师生的生存状况进行关怀,处理一些似乎与管理风马牛不相及的小问题。诸如:在食堂添设绿色植物;在厕所里及时添加用纸;对有困惑学生进行及时地心理辅导等。我相信,这些行为具有某种强烈的暗示性和引导性,学校的文化建设将从这些不起眼的细节中缓慢而坚韧地生长起来。

质疑与反思

一直以来,总是有专家质疑我们在"学校行为文化建设"中所做的许多事情,不属于严格意义的"行为文化",而属于"环境文化"。这样的质疑,其实是因为很多人不明白行为主义哲学中所说的"相倚性"概念的缘故。行为主义代表人物斯金纳认为,"行为支撑着一种文化的思想和价值,同时,它也改造着文化,在改变文化的同时变革着文化。在广泛意义上讲,文化的发展就是建立在社会或受相倚性联系强化的环境之上的行为发展",也就是说,"我们为改变某一团体和个体,首先必须改变人的行为,而改变行为的方法就是改变起强化作用的相倚性关联——文化或社会环境"(《教育的哲学基础》,206页;中国轻工业出版社,2006年9月版)。

这样的质疑,折射的也是我们在教育实践中存在的共性问题:我们在考虑人的行为习惯的时候,往往不习惯将个体的具体行为放在特定的环境中去考量。当我们面对学生的不良行为习惯的时候,我们首先考虑的是这个个体的人品,很少考虑他形成这样的行为习惯的具体处境。

我们总是忘记了,孩子在进入学校之前,早已经成了"规划完善的有机体",这种规划,是在父母长辈、兄弟姐妹、邻里之间,以及电视媒体的影响下形成的。所以斯金纳认为,人们在道德选择上遭遇困难的原因,就是他们所接受的道德规划本身是自相矛盾的,比如家长总是说一套做一套。

也就是说,我们很少明白,一个人的行为习惯总是在他所生存的特定环境的强化下形成的。一个简单的例子就是,一个人在欧美的马路上不会毫无顾忌地闯红灯,但一旦在中国待上一段时间,就是另一种情形了,其原因就是不同的环境给了他不同的强化。

斯金纳在《超越自由与尊严》中有这样一段论述:"如果能够创造出这样一种环境,人在这个环境中能很快地掌握有效行为,并继续有效地实施这一行为,这无疑将很有价值。构建这样的环境,我们便可以减少迷惑烦乱,便可以创造机会,而这正是知道法或称生长法、发展法的关键所在。"因为"环境具有更深入、更微妙的现实性"。

为了说明这样的问题,他以开车为例,"一个人的开车行为,如果他的行为是由汽车的反应来决定,那么一定比只是遵循驾驶指导而开车更为灵活"。以此类推,一所学校环境的改观自然会强化师生行为的改变,在斯金纳看来,"依赖事物与依赖别人安排的相倚性联系相比较,与事物相关的相倚性联系更为准确,且能塑造更有用的行为",另一个方面的原因是"依赖事物而不是依赖人这一方法的优点就是可以接受别人的时间和精力,一个孩子必须要等到家长提醒他该上学的时候才去上学,他就是在依赖自己的家长"(同上,226 页)。

行为主义的一个重要观点就是,"人类的个性、性格、正直等特征都是通过特定的行为方式体现出来的。这些品质不是由每个人个体的内部决定的,而是在受环境控制的行为模式的发展过程中形成的"(同上,198 页)。这一点,早期行为主义者巴普洛夫就认为:生物体可以通过其行为改变环境,同时环境的改变在某种程度上又强化了生物的行为。尽管这种观点也许存在绝对化的偏颇,但有一点还是值得我们深思的,这就是人与环境是存在相倚性关联的,环境对人的行为方式存在巨大的影响和强化作用。

也就是说,我们在学校行为文化建设中,要充分认识到环境对行为习惯养成的强化作用。必须认识到,许多时候环境并非只是自然的,而是需要精心设计的。经验早已证明,美好的环境是会影响和改变人的行为方式的,这种改变的结果就是引发团队氛围的变化,这样的变化中包含着团队成员的价值取向和价值认同,相倚性联系的存在决定了行为文化建设中行为与环境存在内在的必然的联系和一体性。

1.2.3 持之不懈的"行为文化"追求

<u>学校管理绝对不是靠一个制度一项禁令就能解决的</u>

升旗仪式和学校组织的集体活动,要求学生统一着装,大概许多学校都是这么做的,这无可厚非。但是作为学校,尤其是管理者也必须面对这样的现实:经常会有学生有意无意地忘记在升旗仪式或者集体活动那天穿校服。我们该如何面对? 这里存在一个学校关于学生行为习惯的养成的教育有没有做到位的问题。这提醒我们,学生行为习惯的养成,绝对不是靠一个制度一项禁令就能解决问题的。它必须通过管理者和全体教职工的示范,通过我们不断提醒慢慢形成。如果学生没有在升旗仪式的时候按照规定着校服,也许他是真忘了,要是这样,学校应该宽容;要是他是"故意"忘了,应进行适当的批评教育,毕竟这不是极其恶劣的行为,用不着孩子以"尊严"为代价来承担后果;此外,还要考虑为什么学生会"故意"忘了,或许因为我们的倡导没有内化为学生的内心认同,我们要反思其中的原因。

我们界定学生那天没有穿校服是"不良行为",是从学校制定的规定出发的,但很少去想这样的规定是不是合理的、必要的。这是学校应该认真反思的问题。

学校管理者采取制度管理的时候,首先要考虑的是,对于一项具体工作的管理要不要有制度? 第二是制度要有哪些具体的内容? 第三是制度制定了怎么去贯彻,怎么让它内化为学生的自觉行动? 当一项制度出台以后,学校更重要的恐怕是围绕相关的制度开展一系列的宣传教育、示范评比活动,乃至于引导学生自发地组织一些与相关制度对应的群体活动,渐渐使这些制度成为学校的一种文化。教育是一种慢的艺术。一种规范,要经过漫长的熏陶、引导和启迪,才能够慢慢内化为师生的行为习惯。

教育没有立竿见影的招式

教育,不可以一蹴而就。它是一个漫长的浸润过程,希望有立竿见影的效果,无异于痴人说梦。教育是慢的艺术,可是我们往往慢不下来。

教育浮躁最明显的特征就是一味地要求"做大做强"。这折射的是一种"大"的文化心态,比如大校园、大建筑,好像麦当劳做"巨无霸"骗取儿童的食欲一样,总认为越大越好。对管理者来说,潜意识里就是希望自己在任时,能够做出一番业绩或成为这个领域的霸主。而学校管理,重在一个"理"字。所谓"理",本意是治玉。治玉,要的是细功夫,要因势度形,需要精工打磨,这正契合了"教育是慢的艺术"这一理念。

教育应该基于每个受教育者的个性,以及具体的教学场景。一旦有了一个固化的模式,即便你尊重学生的口号喊得多大声,也仅仅只是个口号。因为你最终的目的还是想将你的学生放进你预设好的框框里。

教育作为一种人文关怀,我的认识是,它是一种提醒,一种改善,一种添加,一种坚守。我们课堂教学的积弊,在于压抑人性。冷漠的师生关系,源于冷漠的教育理念。好课堂其实是彰显人性的课堂,教师有了人性,学生的人性才可能得到张扬。教学研究要依赖一定的理论指导进行,没有理论指导的研究,很多都是空谈,可悲的是我们往往认识不到这些。但是所谓的"理论"和"成果"也不是无所不能的万应灵药。

要持之不懈地进行"行为文化"追求

管理科学告诉我们,能够影响到组织具体行为的信念可能更需要变革。这些信念的形成因素很多,比如说人们所接受的培训、他们个人的经历、他们对公司团队的理解以及对领导者言行的观察等等。只有当这些因素发生变化,或人们发现自己以前的观察和观点是错误的时候,他们的行为才会发生真正的变化。如果一个组织中的人们相信自己所处的团队是积极向上、前途光明的,他们就会投入更多的时间和精力来谋求自己在这个行业中的发展。我们要立足于员工的自觉和自我实现等心理需要,使员工渴求不断地完善自己,并将自身的潜能发挥出来。在这个过程中,员工会热情主动地投入到任务的完成中,甚至不计报酬地寻求创造性的解决方案。如果他们相信许多在工作上做出了业绩的同仁会得到赏识和奖励时,他们就会以更大的热情做出更大的成绩。

二甲中学作为发展中的三星级高中(三星级可视为江苏省重点高中),已经具有相当的办学规模,并且在办学硬件上达到一定的程度。尽管由于教育资源配置不可能完全均衡的原因,二甲中学与四星级(相当于国家级重点高中)的学校还有一定的差距,加之生源的减少和通州教育区域规划的调整,二甲中学的办学定位难免会发生变化。如何积极面对变化着的世界,继续推进学校事业的发展,成了我们学校领导必须认真思考的问题。

为谋求学校事业的发展,我们积极借鉴行为科学原理和行为教育学理论假设,自2008年9月提出"学校行为文化建设"后,用行为科学的理论在干部团队建设、青年教师培养、课程设置和改革、学生教育等方面进行尝试,以推进学校文化进步和学校事业的发展。

实践证明,积极向上的学校文化将极大地增强教育能量,一所校容美、校风好、质量高、声誉佳的学校本身就是一种强大的教育力量。师生置身其间,在长期的熏陶感染中,行为得到规范,心灵受到陶冶,素质不断提高,相互之间还会形成积极影响。学校行为文化作为学校文化的一个方面,一旦形成,师生就会在潜移默化的氛围中接受共同的价值观念,形成一股信念,共同向着既定的目标方向努力。当具有特定文化内涵的学校形象被师生认同后,就会以微妙的方式来沟通人们的思想,产生对目标的认同感,从而凝聚成一股强大的力量,团结全体师生员工,规范他们的行为,进而产生巨大的整体合力,推动学校事业朝着共同的愿景发展。

思考并不能使我们养成一种新的实践方式,而具体的实践却可以帮助我们形成一种新的思维方式。理念一旦转变为实际行动,理念就直接表现成了行为,而行为又会导致具体的结果。从这一角度来说,行为又可以被看成是思想与实际的具体连接点。我们所提的学校行为文化建设是指运用行为科学的原理来指导学校管理文化建设的过程。从这个角度思考,学校行为文化是指学校在物质文化生活和精神文化生活的实践过程中所体现出来的文化行为方式,是运用行为主义哲学和行为科学的有关科学理论进行管理机制的建设、学校办学规范和师生行为规范的建设、课程实施与建设、资源开发与整合、教育教学、教育科研、校园管理的运行实施,从而有效改变师生生命状态。从某种意义上说,学校行为文化是一种涵盖了学校工作方方面面的文化行为。学校行为文化建设,是致力于研究提高其效率的途径和方法,并内化为师生的理念信仰和行为准则,达到文化层面的沉淀的过程。

1.3　做真正的"特色学校"

1.3.1　何谓特色

在今天,创建特色学校,已成为一种共识。但是细察我们的观点,似乎有些失之偏颇,甚至有偷换"特色"概念之嫌。何为特色学校?是指这所学校人人都会一样乐器吗?或是人人都会打太极吗?如果真是这样的话,那给我们的师生每人发一只口琴让大家学会;让师生都学一学"云手"、"手挥琵琶"就可以成为特色学校了。答案显然是否定的。

"特色",《现代汉语词典》的解释是:事物所表现的独特的色彩、风格等。《辞海》对"特色"虽然没有解释,但在解释"特"的时候,第六个义项是这么说的:"独"。《庄子·逍遥游》中说道:"而彭祖乃今以久特闻。"这里的"特"引申为专一,专为。可见"特"就是独一无二的,专一的,专为的。"色"在"特色"一词中,只是个词尾而已。如此说来,要真正做到特色学校就不是那么容易的了。

我以为,所谓特色、特征就是不同一般,独一无二的,是不易复制的。从这个角度看,我们的学校还是要慎言"特色"。因为,独一无二,不是一件容易的事。特色学校,应该是由一所学校的历史传承、底蕴积淀、地域影响等因素综合形成的,而不是人人都会一个共同的爱好那么简单。当然,人人都会一个共同的爱好也是好的,但这绝不是特色学校,只能是学校的特色而已。

我们学校的特色,即是行为文化建设。其内涵可以理解为:确立适应师生生命成长的教育理念,搭建丰富师生生命内涵的教育平台。"学校行为文化"是指学校在创造物质文化和精神文化的实践过程中体现出来的文化行为,包括管理机制的建设、学校办学规范、师生行为规范、课程实施与建设、资源开发与整合、教育教学、教育科研、校园生活的运行等。从某种意义上说，"学校行为文化"涵盖了学校工作的方方面面，如果非要从中提炼出一个"特色"的话，那就是：让教育回归到师生的个体生命。

特长 VS 特色

我们曾经看到许许多多的报道说，某个学校所有的孩子都弹钢琴，或某个学校，所有的孩子都踢毽子，或某所学校，所有的孩子都练武术，认为这就是学校的办学特色。

果真是这样吗？其实当我们从多元智能的理论来考虑的话，就存在一个问题，是不是所有的孩子都具有音乐天赋或运动天赋？多元智能理论认为每个人的智能因素是不一样的，有的人擅长言语，有的人擅长运动，有的是空间智能、平衡智能，每个人都不一样。这告诉我们，教学教育应该因人而异，不是用同一个标准要求所有的人。问题是我们现在的教育是在用同一个标准，要求所有的人，然后我们还强调"只有不会教的教师，没有教不好的学生"。我们对教师的评估，也有同样的问题，为什么同样的班级，张老师教得好，李老师就教不好？我们很少去考虑，张老师跟李老师各有自己的优势和素养，它是有差别的。

所以，所谓的音乐才能、运动才能，或者是其他方面的才能，它只是智能因素决定的个人的"特长"。现在的问题就是把特长跟特色混为一谈了。

再从"文化"的角度来阐述一下。所谓文化，按美国教育家杜威的经典解释是：文化就是不断扩大一个人对事物意义理解的范围，增加理解的正确性的能力。也就是说，我们不断地在行走和阅读当中，加深对所处的社会和所从事的职业、行业的理解。文化应该是我们在长期的行走过程当中，积累起来的一种共同的价值追求和行为方式。

如果用书面上的解释，特色跟特长区别在于特色是独一无二的，是专一的、专为的。比如，甲乙两校的学生即使坐在一起，即使在同一个场景下，甲校的老师一眼就可以看出哪些是自己的学生；当我们这些教师坐在一起的时候，我们也能够看出哪几位教师可能是哪一所学校的,而另外几位教师可能是另外一所学校的。因为每一个人在他的文化场景当中,渐渐地受到了那种文化氛围的熏陶,形成了那个特定的文化场景中的某种气质,而这种气质不是他人一下子就可以改变的。因为它是一个长期熏染和浸润的过程,深入骨髓。

因此,对于特色的形成,我们可以理解为,它是建立在文化的基础上的,而不是凭空编造出来的。

回到个体的"特色"

2008 年,我去二甲中学报到那天,遇到一名教师,是我原来的学生。从他那里我得知,这所学校的教师以年轻人为主,40 岁以上的教师有二十多个,学校里有一个"青年教师沙龙",主要是参与学校的行为规范管理和宣传工作。我心想这做法很好,只是视野窄了一点。于是我向其建议:"能不能建一个博客,将'青年教师沙龙'的成员吸纳进来?你做博主,我当管理员。我在'南通教育博客'和新浪网上也有自己的博客,同志们如果有什么想法或意见,可以给我留言。"这学生倒是敏捷,立马答应,并着手去办。

于是,就在我报到手续完成的时候,二甲中学"教育行者"博客建起来了。

我通过"南通家校通"信息平台,给全体教师发了这样一条短信:"尊敬的各位同仁:下午好!学校'教育行者'博客圈已经建立,希望年纪未满 35 周岁的同仁,能够建一个自己的博客,并加入这个圈子。您的加入将会使这个圈子增色。谢谢合作!"第二天我登录博客圈,发现有了 20 个成员,第三天又多了十多个,之后每天持续增加,就这样渐渐地,我们这个"教育行者"博客圈有了 100 多个成员。

我最初看到的是一个名为"文津"的博友写了这样一篇文章《还有一种管理叫文化》。全文如下:

9 月 25 日,有幸聆听了金沙中学的包春华的一场班主任工作讲座,感慨良多！有一种管理不是批评，批评只能说明自己管理的无能！有一种管理不是扣分，扣分只能说明把人视作工具！有一种管理不是金钱，金钱只能使我们做表面的应付！当会场成为一种聆听，聆听成为一种议论，议论成为一种共鸣，共鸣成为一种反思，反思成为一种内心的洗礼！管理也就成为了一种文化！文化春雨润物，浸润心灵，给黑暗者以火光！文化潜移默化，如钢似铁，给消沉者以坚强！

这篇博文言外之意，明眼人都能读懂，我自然也懂。于是我就写了一篇《人生、事业不可能一帆风顺》回应。不久文津发了一篇《学校，人文性的回归》，我就发了一篇《"人文关怀"要建立在组织文化和制度文化基础上》作为回复，一位副校长也发了一篇《"博客"，对生命的另一种关怀》的博文。这样，在管理者与教工的你来我往的交流中，二甲中学的同仁，渐渐弄清了制度管理与人文管理原来是不矛盾的。在相互了解后，这位"文津"的博友，最后还成为我的徒弟，确是一种缘分！

当我在思考所谓"特色学校"这个问题时，想的就是如何让像文津这样的教师能一个个地自我觉醒，能够看清教育的真面目，能够发现教育的真问题。行为文化建设说到底，是要靠每一个人来践行的，而只有把每个人的力量都调动和集中起来，学校才可能走得更远。

警惕异化的特色教育

今天，当我们再谈起特色教育时，常常会走入误区，变成了另一种的"高效教育"，或成了另一种应试教育的变体。美国学者卡拉汉在其《教育与效率崇拜》一书中谈到美国 1900 年到 1930 年学校管理的一种状态，就是把企业管理和商业管理的理论完全移植到学校里来，结果就是学校管理也追求以最小的投入，来获得最大的收益。——从这个意义上说，这也算是一种"特色"。这种特色，恰是我们当下"高效课堂"泛滥的一个原因。

这背后,其实是一种对经济效益的过度追求。这种悲剧的本质,在于没弄清楚学校管理和企业管理的区别,把学校教育彻底地企业化和商业化了,当然,对于"学校特色"的理解更是一种严重的扭曲。我们知道,并不是所有的企业管理和商业管理的理念都可以应用于学校(当然,我们也不否认其中有合理的地方),因为企业管理跟商业管理,面对的是在流水线上工作的人,我们如果看卓别林的电影,就会有深刻的印象。每个人在那个工序里,做的工作是单一和固定的。而教育面对的是活生生的、丰富的人,每个人固有的素质和家庭环境对他的影响都是不一样的。

如果我们一味地把企业管理和商业管理的东西,移植到学校里来,以追求最大的利润为目的,就会出现问题,就会很想当然地搞一刀切,用统一的标准要求所有的学生和所有的老师,到最后发展为,用统一的教案要求教师,用统一的教案上统一的课程。我们不去考虑同样是语文课程,或是数学课程,不同年龄段的老师,对课程的认知是不一样的;不同性别的老师对课程的解读,也是不一样的。更不要说不同的学校了。有一幅漫画,叫《预备跑》,画面上有一条起跑线,而一起竞逐的是大象、老虎、老鼠、兔子、小狗、小猫。这种貌似的"公平",让我们哑然一笑,时下层出不穷地以"追求分数"为核心的"特色教育",不也是这样吗?

1.3.2 "学校文化"与"校园文化"的区别

在我们日常的认知中,常常把校园文化跟学校文化等同,甚至把校园文化作为一个上位概念,把学校文化作为一个下位概念。其实学校文化才是一个上位概念——它是一所学校,在长期的办学历史进程当中,积淀起来的一种共同的价值观和价值追求。而这种价值观、价值追求,影响到学校的方方面面,其中包括了学校的校园文化、标志文化。

比如说张裕的葡萄酒博物馆有很多酒标,各个国家各式各样的都有。酒标是一种标志文化,学校的校徽、校旗也是。与此相关的,就是学校的建筑文化,现在我们的学校哪里办得像学校？有的像一个行政中心,有的像一个游乐中心。长期以来,我们都有种不破不立的思想,认为要打破一个旧世界,才可以建设一个新世界。在此思想的驱动下,我们动不动就把具有悠久历史的建筑给拆了。河南有一所中学里有一个具400年历史的书院,学校为了建图书馆,居然把它给拆了。

有一位校长曾给我介绍他们新建学校的文化,气魄很大——花了三千万弄了学校的绿化! 这三千万捐给贫困地区,能建多少所希望小学呀! 但我们不考虑这些,我们喜欢将钱花在不那么必要的地方,比如过分地装点学校。

在当今,无论哪一所学校,都越来越重视打造自己的品牌。正是打造这个词,使我们在建设学校文化品牌时,更注重形式,包括学校建筑、标志等外在的文化标识建设,而很少在学校文化内涵的发展上花功夫。"百度"一下就可以发现文化标识只是学校文化的一个部分而已。而学校文化具体表现为学校整体的思想、心理和行为方式,通过学校的教学、管理、组织和生活的运营表现出来,其是学校内部全体成员共同认可和遵守的价值观念、道德标准、学校哲学、行为规范、办学理念、管理方式、规章制度等的总和,以人的全面发展为最终目标。可见学校文化更重要的意义在它对人的精神引领,反映的是一种文化认同和追求。也就是说学校文化的核心是一种精神文化,是一种价值引领及一种学校追求,远不只是文化标识和文化活动。

学校文化其实是一种办学理念的外显,是希望通过理念来引领师生改变观念,以改善他们的行为方式为最终追求的一种具有学校个性特征的东西。它扎根于学校所在社区,靠学校长期的历史积淀形成,而不是搞几个活动,改变一下环境布置就能实现的。基于此,我认为,学校文化品牌建设的关键是提炼学校的办学理念。

行为文化促使我们思考:我们学校的标志、建筑,包括小品雕塑都是要人为去设计的,这些标志、建筑的颜色、造型、布局,背后都是人的意识。人的这种意识,驱动了人的行为,而行为,就会表现在学校的方方面面。所以行为文化是学校文化的一个最重要的载体,也最符合学校教育的特点。教育是一项成就人的事业,它是为了使人更像人,所以,我们最终要追求一种具有学校个性特征的文化。

同时，这种文化，它又扎根于我们学校所处的社区。比如我们南通号称近代第一城，有中国的第一个博物院、中国第一所师范学校、中国第一所纺织厂……教育、纺织、博物馆等等是它固有的文化传统。我们学校自然而然地要受到南通文化的影响。再比如说我们南通有几十种方言，每一种不同的方言背后就有不同的文化，这种种的文化必然会影响到我们的学校。

学校行为文化建设，就是把文化观察的视角立足于人的行为本身，从行为上审视其所蕴藏的文化态度，比如前面所提的学校的扩改建，要用心去体察的，不在于扩改建之后的校园面貌会呈现怎样的文化气息，而在于整个行为过程中，它呈现出怎样的一种文化姿态。再比如说我们常见的学生座位的安排，很多学校会把差生安排到角落里去。这也是文化，但这是文化遗留下来的等级观念。如果我们以行为作为体察文化的视角，以健康、高尚的文化追求作为教育者的职业自觉的话，那么，在受教与施教的行为过程中，我们就会保持一种敏感而又谨慎的态度，会更在意自身行为的得当与失当，更能得到改善与弥补的机会。当一所学校以行为文化作为自身建设的方向时，理所当然地，它就会把自身的发展自觉地与整个学校中每一个生命的成长联系在一起，自觉地以每一个生命的逐渐完善作为其存在与发展的首义。

1.3.3　学校特色不可随意复制

如前所说，学校特色并不是全校整齐划一地掌握某种技能，真正的特色是从当地独有的经济、社会、人文、历史、教育传统中提炼出来的，与当地的教育实际紧密相连。因此，简单地说，所谓特色，绝不是别人轻易就能复制的，而是大家各有千秋，各有所长。但这一点，似乎特别容易被大家忽视，只要某地出了"典型"，就喜欢一哄而上，结果邯郸学步，连自己原来的"特色"也失掉了。

我们需要知道的是，在思考有关"特色"的学校文化建设时，尊重学生的个性不等于让其任意胡为，更不是让其任意发展，也就是说我们既不能剥夺学生的兴趣爱好，也不能放任不管。我们要做的,是尽量让其在张扬个性的同时,满足社会基本规范的要求,并与之适应。否则,学校教育就失去了意义。

有教育学者说,教育,多少带有一些保守主义——因为它始终有自己的规律和轨迹,不管是两千多年前的苏格拉底、柏拉图、孔子,还是今天的教育现代化,一些内核始终都是不变的。我们在建设"特色"的时候,不要忘记了这些"本","特色"不是标新立异,而是努力寻找到最适合学生发展的渠道和可能。

我理解的教育保守主义的实践是一个曲折反复的过程。但是,认准了的,你就要做下去。哪怕今天不做明天做,明天不做后天做,只要认准了,就一定要去做,重要的是时机问题。有人说文化是可以移植的。不错,可是我认为可以移植的只能是技术,不是内容。内容是因时、因地、因校,甚至是因人而异的。

一所学校的特色或者一所学校的文化,是建立在地域文化基础上的,是跟这个地域、环境文化相融的,不可以任意复制。齐鲁文化可以成为江苏文化吗? 如果可以的话,江苏文化也就不是江苏文化了。

每个学校的传统与文化是不一样的,不能用一个模式去强求。每个学校的发展,都有它自己的轨道,作为管理者,我们能做的就是要找到一个合适的切入口,绝不可以割断历史,另起炉灶。

1.3.4 学校行为文化建设要有自己的思考和选择

《教育的哲学基础》在谈及实在论的时候说道:"行为主义者认为人类的个性、性格、正直等特征都是通过特定的行为方式体现出来的。这些品质不是由每个个体内部决定的,而是在环境控制的行为模式的发展过程中形成的。"我所理解的实在论者的主张是,人的行为方式是一个人的个性、性格、品质等的外在表现,也就是说人性(假若存在的话)完全可以通过传统意义上所认为的人性的某一特殊方面——行为来解释。从另一个角度来说,实在论强调的是,教育与环境对一个人的影响是巨大的,什么样的教育与环境造就什么样的行为方式。从这样的角度来理解,教育的一个重要任务其实就是行为习惯的养成,而习惯一旦形成是会改善一个人的心智和认知的。

行为主义者尝试探索塑造行为的过程与模式,他们主张,"一旦充分理解了这些,我们完全有可能有效地培养出社会所需要的人,也就可能建构出理想的社会状态"。

行为主义者认为,儿童是一个在入学之前便规划完善的有机体。这种规划是通过亲友、同伴、媒体等其他影响而形成的。这些影响中的某些部分可能是不良的,但是儿童不经意地接纳并吸收了它们。也就是说,不仅为人父母的言行对儿女的影响巨大,就是同辈人——兄弟姐妹、游戏伙伴对一个人行为习惯的形成也具有不可估量的影响。所以,作为社会人,我们每一个人总是影响着他人,也被他人影响着。行为主义哲学提醒我们,作为社会人,我们在公开场合,许多时候要谨言慎行,教师就更不要说了。在此转引心理学家斯金纳的观点:"人们在道德选择上遭遇困难的原因,就是他们所接受到的道德规划本身是自相矛盾的。比如家长经常说一套做一套。"反思一下,我们这些教师又何尝不是,我们现行的教育又何尝不是呢?喊的是素质教育,行的却是应试教育。

我们这些年来进行的学校行为文化建设,其出发点就是想通过改变师生的行为方式来改变师生的个性品质,尤其是改变教师的教育理念。行为文化建设的主张是将行动放在首位。在我们看来,教育其实就是一种过程,既然是过程,关键是行动。其中,怎样的行动才有助于人的成长以及如何改变行为方式是我们考虑得最多的问题。我们一方面认同实在论者"关于人类的个性、性格、品质等特征都是通过特定的行为方式体现出来的"的论断,但我们不认同的是实在论者"不应该强调精神、意识或灵魂是引发行为的动力"的主张。这一点,我们认同理念论者的主张:"教育不仅应该强调心灵的发展,而且应该鼓励学生去关注一切事情的恒久价值。""真正的教育就必然关注思想而不是物质。"人的行为许多情况下是受意识驱使的。我们认为学校行为文化建设要在一定的理念支撑下进行,理念出了问题,行为必然会出问题。出了问题的行为,也会影响人的个性、性格、品行。

所以,我们的学校行为文化建设的路径是"用理念引领行为方式,通过改变行为方式推动理念的改善"。因为教育不仅要鼓励人不断完善自己的行为方式,还要鼓励人不断完善自己的愿望与追求。作为教育者,我们不仅需要阅读与掌握教育理论,还需要用我们的思考在这些理论中寻找某种契合点并为我所用。当然这种寻找不能断章取义,而要全面审视和考量,更需要在实践中检验。书读多了的麻烦在于理论过多而不知如何抉择,要避免这样的情况,就要有自己的思考和选择。

当然我个人主张管理者更重要的是要做加法。我跟我的朋友们经常讲这样一个观点,我们到一所学校,不要轻易去碰它原有的组织结构,你要做的是在原有的组织网络和利益关系当中添加某种组织和利益,让更多的人享受到应有的利益。比如说我刚任二甲中学的校长时,大家给我提了许许多多建议,一下子让我不知道从何落实。后来有一个同仁跟我讲,教师没有车棚,先建个教师车棚吧。于是我就安排先把车棚给建起来,大家的车子不淋雨了,都说新来的校长好。接下来我做的工作是改造厕所,我认为一个单位如果把厕所管理好了,其他的管理再差也差不到哪里去,因为厕所是一个大家都想管又不容易管好的地方,你把它管好了,其他的也可以管好。

做加减法,就是通过梳理历史和现实,发现那些不合理的、不人文的、没有从需要出发的、专制的、不民主的条条框框,把它们慢慢地、一条一条地简单化,今天减一点、添一点,明天再减一点、添一点,通过这样一个渐近的过程,就可以收到我们意想不到的效果。

1.3.5　一起开发文化资本

琼·温克在讲如何对待文化这个问题的时候,给我们讲述了这样一个案例:有位教师用红笔批改作业,然后在评语中用红笔写出了这个学生的名字。这位学生的父母和学生本人看到后惊恐万分,因为在他们的文化中,只有一个人已经死去或者在这个人的祭日才会用红笔写出他的名字。记得我们很小的时候,大人们也同我们说过这样的忌讳,不能用红笔写活人的名字。民间类似的忌讳很多,但作为教师用红笔批阅作业原本是一种规定或者说是约定俗成的传统,对教师而言,评语中出现学生的名字原本也是很正常的事情。这个案例提醒我们注意必须学生中会有这样那样的禁忌文化,一不小心,就会出现问题。

这一案例告诉我们,文化是一种传统,在许多情况下它是融在一个团队以及全体团队成员血脉中的,不同的团队与不同的个体有着不同的文化。作为学校和教师必须清醒地认识到,我们的文化取向一方面要从学校文化核心出发,另一方面还要考虑我们所处的社区和具体的学生个体。如果我们忽视了具体个体的文化,类似红笔写人名的细节带给家长与学生的恐惧就有可能随时发生。

从另一个方面来看,就具体团队和个体而言,我们的团队与个人每天都在学习、传播、生成某种文化。也就是说学校文化尽管是一种传统,一种习惯,但是这种传统和习惯绝不是单一的,也不是一成不变的,它更应该是多元的、动态生成的。因此,一个团队的学校文化,绝不是买几棵百年老树,装点几个小品,搞几个长廊那么简单的事情,即便是这样,如果我们丢掉了作为学校应有的着眼于人的生命的舒展与丰润的文化追求的话,这些已有的老树、小品、长廊也只不过是门面与摆设而已,抑或成为所谓的土豪、暴发户或者绣花枕头之类的空壳而已。

现实的问题是,在许多学校所谓的“学校文化建设”中,我们的文化早已经不知不觉地被“主流文化”所决定着,并“被用来促成我们社会某些特殊群体的成功”。比如时下为高考服务的学校文化就是这样。对此,琼·温克有这样的表述:“这个世界已经变得更加令人害怕,而对此的反应一直是被控制的教育学和被控制的言语,这一切带来的是被控制的思想。”因为语言、文化和思想原本就交织在一起,不可以截然分开。主流社会总是“会运用文化资本来引诱非主流群体变成他们那样”,“非主流群体常常为了体现多元化而被录用,然后强大的主流力量再试图改变他们的学习和生活方式”。

比较吊诡的是,我们更多的时候还将这文化视作“我的”文化,并给它冠之以学校文化“特色”的桂冠,不顾实际地要求学校全体成员恪守这所谓的文化,于是许许多多的统一要求就这样成为顺理成章的事了。这其实就是以“强大的主流力量试图改变团队成员学习和生活方式"的文化在背后作祟。作为学校文化的建设者,我们必须记住"具有批判眼光的教师和学生竭力与所有的人一起开发文化资本"的提醒,在传承中生成,在生成中吸纳,努力使我们的学校文化建设由单一走向多元,由保守走向开放,由控制走向自由发展。因为"学校文化在宏观和微观两个层面上影响着教与学的各个方面",是万万马虎不得的,大而言之它会影响到整个学校的办学走向,乃至会影响具体的社区和我们所处的社会,小而言之则会影响到具体个人的生命状态。

办学的三个基本要素,最重要的是教师,除了金钱、生源外,教师是学校办学的根本。有人说,要想跑得快一个人往前走,要想跑得久大家一起走。学校文化建设既要有传统又要面向现代,更要靠团队的努力。理念跟愿景不是只在校长的脑子里,也不是只写在纸上的,校训、学风、教风、校风要印在每个人的脑海里面,落实在每个人的行动上。传统理念中,管理是老师管学生,现在我们反过来,要用学生推动教师。

学校行为文化建设中一个重要的特征是用学生推动教师,以学生的行为习惯反过来推动教师的行为习惯的改变。比如说我们提倡在教室里养金鱼,教师们不理解。但是经过一个周末,教室里的金鱼死了两条,有三个孩子围着金鱼缸流泪,老师受到感动,觉得学生的爱心在无形之中被激发出来了。他们就想,金鱼养不活可以养泥鳅或乌龟。创意就这么产生了,教师的行为也在学生的行为改变中得到了改变。

如上所说,学校文化有两个部分,一个是形式载体,一个是内涵发展,形式载体的东西比较好做,内涵的东西比较难做,内涵当中最重要的是行为方式。写在纸上没有用,挂在墙上也没有用,最终要落实到教师和学生的行为上面,这是我对学校文化建设的总体认知。另外,刚才讲的形式载体要实用、要丰富、要完善,标准设施和环境建设要改善,这样才能形成具有个性的学校特色。

1.3.6 博客,也是一种特色

学校的特色既然不可复制,那么我们就需要找到自己的路径。我刚到二甲中学

时，就知道学校的管理要求要得到全校人都认同是不可能的，个别同仁，并不认同我。比如有同仁在博客里给我留言："凌校长，建议你悠着点，比如校门口的什么特级教师凌宗伟做讲座的大牌子还是少用。"（因为我给高三学生开设文学讲座，教务处给做了张海报）令我没想到的是，博客，还可以成为教工提建议、发泄情绪的工具（其实，教工的要求并不苛刻，而且发泄归发泄，工作归工作。不到四个月，类似的跟帖或评论也就没有了）。

这时我突然明白，校长开博客，不但需要胆量和肚量，更重要的是，它还有可能成为一条新的"特色"之路。

2009 年 3 月 28 日，张文质先生给我发来"1＋1 教育博客"网址，我立马登录注册了一个账号。在这里我认识了钱理群、黄克剑、刘良华、许锡良等大家和一大批专注于教育事业的名师，让我不禁感慨，我不知道的东西太多太多了！入住"1＋1"几天后，我把这个网址推荐给学校的老师，并把我们的博客圈搬了进来，就这样，"1＋1 教育博客"成为了我们第二个家。

令人意想不到的是，学校几个超过 50 岁的老师今年也建了博客，连 80 多岁的退休教师曹振川也在"教育行者"开了博客，时不时地写上一篇博文。学校推行"三个关注"的课堂教学改革，几位 50 多岁的老师都写了相关的博文。"教育行者"博客圈就这样成了学校与教工、教工与教工、教师与学生沟通和交流的平台。

5 月 14 日，《明日教育论坛》发出了一个主题征稿帖，希望大家能把这一天的生活记载下来。学校的老师们积极响应，纷纷将自己普通而不简单的一天记录了下来，学生中也有 500 多人写下了自己的一天。

陆勇老师的一天是这样的：

我的 5 月 14

二甲中学　陆勇　老师

05:20　　　　醒来。生物钟向来是准的。

05:20—05:40　　读复旦章培恒的《中国文学史新著》。

05:40—06:10　　处理内务。吃早饭。

06:10—06:20　　到寄宿男生宿舍。提醒学生吃早饭。叮嘱107室长
　　　　　　　　徐洪亮做好卫生工作。

06:20—06:30　　进教室。学生陆陆续续到了。

06:40　　　　　第一次拍学生宣誓(《中考决战誓词》)录像,学生没
　　　　　　　　有穿校服。

06:40—07:20　　学生晨读。中途三次到教室了解晨读情况。

07:25—08:10　　初三(2)班上课。

08:10—08:15　　课间解答学生陈鹏疑难问题。

08:20—09:05　　读张文质的《教育是慢的艺术》。

09:05—09:30　　到操场参加课间操。

09:30—09:40　　送《二甲中学校本教材　新课标中考英语词汇全掌
　　　　　　　　握》pp43－47到文印室。

09:50—11:00　　复核《二甲中学校本教材　新课标中考英语词汇全
　　　　　　　　掌握》pp48－53。

11:00—11:30　　回宿舍吃中饭。

11:30—11:55　　读《中国文学史新著》。

11:55—12:10　　到教室了解学生午睡情况。

12:10—12:55　　接待学生曹蒋鹏的家长,交流中考前孩子的教育
　　　　　　　　工作。

12:55—13:30　　在办公室休息。

13:30—16:20　　备课:《中考作业本》。

16:30—17:10　　初三(3)班上课。

17:20—18:30　　　回宿舍吃晚饭。

18:40　　　　　　到教室了解学生情况。

　　这些记载尽管有些琐碎,但让校长和老师、校长和学生之间有了沟通和了解,让我们面对他们的生命状态有一份感动。正如网友"木樨人"在《共同记录一天——一种智慧的教育管理》中所说的那样,"管理"一词,有人认为"管"是刚性,"理"是柔性。学校教育管理的对象是有着丰富个性的老师和学生,作为管理者,尤其是校长,要想真正体现"平等中的首席"是非常不容易的。要做到刚柔并济,特别在知识分子相对集中的群体中,教育管理者的刚性不能简单地等同于一般企业的管理。一些校长只是把"和谐"二字说在嘴上,写在计划和总结上,真正落实和行动起来却大打折扣。其中一个显著的表现就是,这些校长对自己的学生和老师了解得太少,不清楚学生和老师整天在做什么,在思考哪些问题。

　　当我在思考行为文化建设下的特色教育时,我以为最大的"特色",就是学校管理应该尽可能地实现"师生立场",真正从具有自我意识和主动发展的鲜活生命个体的角度出发,明白他们的所想、所求、所需,将对师生个体生命状况的关注作为实现生命化教育一个立足点。这样,我们的管理才会尽可能设身处地地替师生生命的舒展着想,才会尽可能为实现教师生命的尊严而展开,建立博客,其意义也许就在这里。

1.4 "今天第二"的价值取向

1.4.1 什么是"今天第二"

自行为文化建设伊始，我们就其具体的载体做了很多思考，希望能找到一个简明而准确的表达方式来指导实践。如今，在全国具有一定知晓度的"今天第二"，就是从那时开始的。

我的想法是，因为"第二"，才有发展的空间，记住"今天第二"，就记住了我们的企求，让我们勇往直前，使学校上下始终有一个向上的追求。与此相关的，是我们的小学理念——"办有灵气的教育，育有个性的人才"。教育有灵气，学校才灵动；学生有个性，学校才有活力。只有这样，学校整体状况才可能会有提升。

而我们的育人理念是："用智慧开启智慧，以生命润泽生命。"学生的智慧靠谁来开启？首先要靠家长，然后要靠老师。所以教师必须有智慧。教师要有智慧，他就不能照本宣科，就不能拿着教学参考书、教材、学生行为规范、中学生日常行为守则等刻板地去要求学生。他必须活用教材和教学资源。当教师能够活用教学资源、教材时，学生的智慧就可以得到开启。"以生命润泽生命"是指尊重生命、敬畏生命、善待生命，或者说是对人生命的一种教育。

师生的相遇其实就是一种生命的相遇。学生是一个个不断成长的人，以往在他们的生命历程中所感受到的、所见识到的东西，远远不及教师。但是，网络出现后，他们的所见、所闻、所想在某种程度上已经超越了老师，作为老师要把他人生的经验和感受教给学生，同时还要在学生身上汲取学生特有的人生感受，达到相互交融、相互润泽的境界。那么，在与学生生命相遇的过程中，教师的生命得到拓展，而学生在与教师的生命相遇的过程中，其生命也得到丰厚。

从"价值认同"说起

很多人谈学校管理，但各自的境界是不一样的，大致说来，学校管理有这样三重境界：一是价值认同，亦即全体师生员工围绕共同形成的价值追求而前行；二是榜样追随，亦即全体师生员工形成你追我赶、向榜样看齐的积极氛围；三就是文化自觉了，也就是全校上下人人将学校的精神和学校的文化，内化为自己个性化的理想和行动。但要做到这一点，非常难，原因是要人人自觉，不太可能，多数自觉也不容易，但不能因为不容易，我们就不努力。"今天第二"的理想就是努力让更多人将学校的发展和自我的发展结合起来，在一定程度上形成"共振"，也就是说，让更多的同仁与学校的管理者、管理团队形成价值认同。

价值认同，要从小事做起，这需要人人恪守底线，这底线就是基本的规范，比如不乱丢乱扔杂物。可不要小看这"不乱丢乱扔"，要做到也不容易，所以首先要有价值认同，还要树立榜样，假如人人都做到了，也就成为"自觉"了。可以说，真正实现了价值认同后，就会出现"不令而行"的现象。大舜为什么能够"南面而听天下，向明而治"？一个重要的原因，就是他手下有几个掌握大权的核心人物对他的治国思想了如指掌而又深信不疑，进而有了一往无前的执行力。孔子说："君子之德风，小人之德草。草上之风，必偃。"价值认同，领导层是关键。

价值认同的另一个特点，就是内心的认同，其不仅仅体现在口头上，也不是一两次的行动上。内心认同之后，就会心甘情愿、高高兴兴地去做。但是，教师群体是一个知识分子群体，要让他们心里认同，就要有让他们心服口服的理由，有时候，还要让他们看到如此而为的收获与成果。这的确比较困难。可是，攻破价值认同这一难关，虽不能说一劳永逸，却可以步入持续性发展的轨道。

所以，作为管理者，或者校长，首先要成为一个坚韧的行动者，然后才可能引领教师的前行。我们建立"教育行者"博客圈，目的就是想借助网络平台，加强管理者与教师的沟通，及时了解教师的心态，以此调整我们的管理策略。教育说到底，就是引领人的发展。

以"文"化"人"的"今天第二"

在"今天第二"的实践指导思想下，如何管理学校？我们的理念是"以人为本，文化立校，效益优先，质量第一"。以人为本就是满足人的各项需要，管理应该满足人的需要。文化管理是通过文化的濡染、浸润，使团队成员在不知不觉中认同团队的目标，朝着共同的愿景去努力。所以，文化管理，应该是我们管理的至高境界。而效益优先，是要求学校各项工作要讲究效益。

一个简单的例子，我经常跟管后勤的同志讲，走廊上用的白炽灯泡，它可能一周、一个月就要换一次，但如果换成节能灯泡——虽然一次性投资比较高，但它损坏率小、寿命长，还节能，总体上比白炽灯泡更经济。再如，我们学校里有很多装饰灯，夜里非常漂亮，但不亮，于是我跟后勤的同志讲，再选择几个位置装几盏太阳能灯，平时那些装饰灯就不用，晚上就用太阳能灯。

这些都是效益，不知不觉中的效益。同样，我们厕所的改造，看上去前前后后投入10万多元，但是破坏率低了，打扫时间减少了，这就是效益。同样，我们推行"三个关注"的课堂教学改革，学生课后花的时间少了，课堂生活质量和教学效益提高了，这也是效益。

质量，永远是关注的主题，没有质量就没有话语权。即便"行为文化"搞得再好，如果考试成绩不如人（尽管我们并不以此为标准），那在很多情况下就陷入种种被动和攻击之中。这也是为什么我们坚持了行为文化这些年，应试的成绩始终呈现稳中有升的态势的原因。"今天第二"可以理解为某种挡箭牌，但这不是自欺欺人，而是一种动力和勉励，鼓励我们从原来的拼时间、耗精力的苦战、蛮战、死战中走出来，真正动脑筋思考：我的教育还有哪些可以改善的？我的学生究竟需要什么？课堂中有没有哪些可以优化的地方？

如果说"今天第二"是某种管理的隐喻化，它激起的是每一个人对教育的自觉，这种从下而上的草根式的"自觉"完全颠覆了传统的自上而下的行政势力。就如学生从"要我学"到"我要学"一样，教师也正经历由"要我教"到"我要教"的变革。进一步说，这种"我要教"不仅仅是学科意义上的，更包含在做人做事的道理里。

最典型的例子是"行于天地，止于至善"的校训。"止于至善"，就是说我们的学校要教育学生成为社会人、文化人，让他立于天地之间，这是我们学校教育应该做的。"行于天地，止于至善"，不仅仅是对学生，还是对老师的。要学生成人，教师首先应该是堂堂正正的人，这样学生才能做文明人，成为文化人，行阳光道，求真善美。再说，任何工作都没有最好，只有更好，教育更应该如此，所以要止于至善。

1.4.2 为什么是"今天第二"

当我们细观社会现实，不难发现，几乎每个单位，每一所学校，甚至每一个人都希望自己是"第一"。我们这个民族的一个文化特征就是喜欢"第一"：考试要第一，名节要第一，地位要第一，影响要第一，就是很少去想我们怎么可能在每个领域，每个时段都第一？就在这样的"第一"文化的裹挟下，我们的办学理念总是几乎与"跨越"、"腾飞"、"一流"等字眼联系在一起。

在追求第一的时候我们往往忘了这样的现实：人和人是不一样的，单位与单位也是不一样的。每一所学校都是由不同的元素所组成，如师资力量、校园规模、硬件设施、生源条件和升学率等，尤其是学校特色和学校文化，这些实际情况是不可能一样的，事实上任何学校和个人也不可能各项指标都是第一。

客观地讲，二甲中学在办学条件上存在很多劣势，学校地处通州区东南角，偏离城区，生源少而差的现实长期困扰着办学者，也束缚了学校的发展，被"兼并"的结局似乎不可避免。

在生源、师资、办学条件明显不如"一流"学校的情况下，还硬是要同别人去拼升学率,拼"名师"团队建设,拼一流校园环境,无疑是不现实,也是不可能的。与其以卵击石,不如面对现实,冷静思考我们的传统是什么,我们的特色是什么,我们的文化是什么,我们的起点在哪里,我们的出路在何方。身处"二流",乃至"三流"的学校,需要的是什么? 需要的是正视现实的态度。办学的要义在于立足本校本土的实际,努力去寻找并发现自己特有的东西,不要只看到别人"一流"而埋怨上天的不公,或者慨叹自己的无能为力。

我在跟管理团队成员沟通的时候,同他们讲了这样的案例:

20 世纪 60 年代,美国 DDB 广告公司的伯恩巴克为德国福斯(VW)金龟车做了一系列广告,一直被认为是广告界的创意经典之作,它的创意来自于逆向思考。当时,福斯的金龟车已经登陆美国十年,但一直打不开市场。伯恩巴克仔细研究了这款汽车后,觉得它外形古怪、马力小、档次低,不合美国消费者的口味,难怪会卖不出去。那个年代所有的汽车无不在外形美观气派、设备豪华、追求急速快感方面互相竞争,汽车广告也在这方面大做文章,夸耀自己的车款是多么地优越迷人。

为了在重围中杀出一条血路,伯恩巴克决定逆向操作,方法是推出一系列"自曝其短"的金龟车广告,它们以各种自嘲的方式告诉消费者,金龟车"长得实在不好看"、"不再是新奇事物",然后从缺点中带出优点。

譬如刊登在《生活》杂志上的广告,主体画面是不久前登陆月球的宇宙飞船,下方写着:"虽然我的外形不美观,却能把人搬运到月球上去。"旁边配以显著的福斯汽车标志。在《想一想小的好处》里,则娓娓诉说金龟车的省油和耐用,"一旦你习惯金龟车的节省,就不再认为是小缺点了"。

实惠和实在正是伯恩巴克想为金龟车塑造的品牌形象,他不仅达到了目的,让福斯的金龟车大卖,而且经他一再提醒"想一想小的好处"后,"小而美"的人生哲学竟也因此成为当时的主流观点。

伯恩巴克在为埃尔维斯租车公司所制作的广告里,也运用了类似的手法:"埃尔维斯在同业中只不过是排名第二的公司,但为什么我们现在要向您推荐呢? 因为我们会更加努力……"当大家都在夸耀他是"第一"时，承认自己"不过第二"，不但能给人谦虚、诚实的印象，而且会让人对他们的努力寄予希望。

同样，被选为"20 世纪 80 年代美国经典广告创意"之一的五十铃汽车广告，用的也是类似的手法：由爱吹牛、喜欢说大话的谐星里森扮演推销员，他神态自若、充满自信地说出各种夸大的广告辞令，譬如"五十铃轿车被汽车权威杂志评选为汽车之王"、"五十铃轿车最高时速可达三百英里"、"只要你明天来参观试乘，就可以获得一栋房子的赠品"……而每一个夸大之辞的画面都配上醒目的"他在说谎"字幕，有的还加上详细的解说，譬如"时速三百英里"，那其实是"飓风来袭又遇到下坡路段的速度"，总之广告中一边呈现谎言，一边拆穿谎言。但就是在这种荒诞不经、滑稽可笑中，消费者反而体会了广告主的诚恳和苦心，并由此带动了汽车的销售。

大家一致认为，二甲中学无论是硬件还是软件，无论是政策还是自身的努力，都成不了第一，但也不可能成为一般意义上的"第二"。我们要把学校的发展推向一个更高的层次，必须另辟蹊径，要形成自己的办学特色，要通过先进的办学理念来引领学校品牌建设，要在学校文化的引领下办校、立校、兴校，这样才有可能让学校走上科学发展之路。

于是我们提出了"今天第二"的办学理念。这个办学理念，最初为的是提醒二甲中学的师生员工以正视现实的态度、脚踏实地的精神，同心协力，在改善中不断前行，在前行中不断改善。从这个意义上说，这个"第二"，又成了一种文化推动力，成了思想上的助燃器。

1.4.3 "今天第二"的精神品质

一个校长，新到一个单位任职，首先要做的是了解这所学校固有的文化和历史，并对其进行甄别与筛选，进而确立符合这所学校文化积淀的办学追求和办学理想。我当时想到的是，如何在二甲中学原有文化的基础上，作一些改善和添加。

这所学校的名称就很有意思:"二甲","二"是第二,"甲"又是第一的意思,看起来矛盾,但却隐含着统一。从学校的现状来看,也处处充满着"老二"哲学:凡事得过且过,不事张扬,囿于一隅,习惯于"稳"和"慢",给人的印象就是"四平八稳"。所以,"第二"展现的更多的是一种安于现状的精神状态。

我们究竟要怎样的"老二"哲学,如何改善现有的精神状态,成了我用心思考的问题。于是我从字面的角度思考了这个问题:第二,其实是"第一"的"威胁",因为它紧紧咬住"第一",同时,它如果不努力,"第二"就可能成为"第三"、"第四"甚至"老末"。于是我们在充分分析学校的历史与现状的基础上,明确提出二甲中学的办学追求应该是什么的问题。二甲中学,今天第二,那么明天呢? 我们以此引发全校师生去思考、分析,最终使大家认识到"今天第二"的"老二"哲学,应该是时时提醒我们:要有忧患意识,必须拥有永远前行的精神状态。

从行为文化建设的角度说,"今天第二"作为学校文化的一个方面,它是一所学校历史文化积淀在现阶段的显露,呈现出的是学校文化中的"动态"部分。学校的每一个理念,只有被学校成员普遍认同,成为群体的价值观,才能内化为个体的思想而显现为群体的行为,才能逐渐形成为学校的行为文化。

比如,"管"、"卡"、"压"固然可以代表一定的行为,但那不是行为文化,更没有"今天第二"的精神。行为文化"文"味十足,有一个"随风潜入夜,润物细无声"的"化"的过程。所以,只有有一个有理念、有思想、有行动的校长,一个不断地学习、深入地实践的班子,一个有耐心与恒心的团队,学校的全体成员才可能一步一个脚印地朝着正确的方向前行。

在生命提醒中守护好我们的心灵

"今天第二"还体现为一种人文关怀。人文关怀的方式是多种多样的,但作为教育中的人文关怀,我认为它是一种提醒,一种改善,一种添加,一种坚守。我不主张模式建设,不喜欢口号式的标语,不容忍言语上的摧残,主张的是开放式的校园,开放式的教育。学生可以即时上网,运动器材可以任意取用,实验室可以随时进出。走进校园的不仅有教育专家,有书法家、作家,还有家长和社会贤达。班级不仅有班旗班训,还有各种社团。教师不仅有博客、QQ,更有适合自己的小团体。学生不仅只是上课、作业、考试,更有种种社会活动。总之,学校追求的是尽可能地给每个人以归属感、成就感。

这种开放,缘自于我们思想与观念的逐渐开放。因为开放,师生的心灵是自由的,是舒展的,是灵动的。每一个人都有巨大的创造力。可是,如果没有思想与行动的自由,这种创造力就会萎缩。

如何激活师生的活力?我认为,要用教师的智慧去开启学生的智慧,让师生在生命的互动中,获得新的生命活力。我反对空洞的说教,主张给师生即时的提醒。因为一种习惯的养成或认识的形成不是一朝一夕的,它需要时间。教育就是生命之间的一种不断地提醒。

大家都知道,日本在召开奥运会期间,所有场地在比赛过后都是干干净净的,几乎无需打扫。可是,我们很多的学校大肆宣传的却是"每天一小扫,三天一大扫","扫地也要扫出一个全国一流来"。我就想,如果我们都养成了不乱丢垃圾的习惯,还要"一天一小扫"吗?于是,我们挂出了这样的一条提醒语:"你扔下的是垃圾,我拾起的是品质",用来提醒全体教职工率先做出表率,从自身做起,不乱丢乱扔垃圾。这也提醒我们师生见到地面上的垃圾杂物,要随手拾起。再如,学校提供给学生上网的电脑屏幕上,我们的友情提醒是:"网络,不仅是用来游戏的,它还有更重要的功能。"

毫不夸张地说,人的品质是需要积累的,正像文化积累一样,是可以不断增值的。在管理上,人常说细节决定成败。其实,在人生旅程中,也是这样。那些在小事上不太"讲究"的人,认为小善小德而不屑于为的人,往往不知道大善大德都是从此而来的。正所谓"不积跬步,无以至千里"。不乱扔垃圾,随手捡拾垃圾,是良好的行为习惯,也是优秀品质的体现。这些举手之劳,看起来简单,但坚持做到,就不简单,需要不断地积累形成良好的习惯。

"今天第二"之所以能在短时间内引起了很多人的关注,可以说正是在这点点滴滴的行动和积累中,形成了一种学校行为文化,而这种行为文化又作为一种正能量不断推动着学校在更高的平台上不断前行,也许,这就是"今天第二"的文化意蕴所在。

1.4.4 行为主义哲学与"今天第二"

行为主义哲学"生命教育"的理念让我们明确地认识到,教育是"栽培",而不是"选择"。师生的个性是一种重要而宝贵的教育资源,必须好好珍惜,并予以利用和保护。要从为师生生命发展负责的角度出发办教育,使"每个生命都绽放他应有的光彩",使每个师生都"无愧于生命长河中的这段历史"!

"今天第二"的办学理念的理论支撑不仅源于我们的传统文化,还基于"生命教育"的理论和行为主义哲学。"生命教育"理论和行为主义哲学将"今天第二"办学理念上升到生命的高度,让我们的教育充满生命的情怀以润泽师生的生命。所以,我们把二甲中学"今天第二"的办学理念,定位为行为主义哲学下的"今天第二"学校文化品牌建设,希冀通过全体师生的共同努力,确立师生生命成长的教育理念,搭建丰富师生生命内涵的教育平台。

在行为主义哲学的引领下,我们再次梳理了学校的校训、办学理念、育人理念、办学追求等,希望在师生践行中内化,对学校教育的取向重新进行思考。

学校的管理并非只是纯粹管理人和事,而是要从符合学生人性的需要、符合学生人格尊严的角度出发,关注学生的生命需求,创设能影响学生行为的生命成长环境。我认为环境是可以濡染人的行为的。管理可以从厕所开始。二甲中学的厕所是星级宾馆标准的:无臭味,有花草,还有游鱼和幽默画。

活动是理念的载体,是生命张扬的舞台,学生会在活动中不断成长,走向成熟。对学生的教育,我更喜欢活动的方式。进入课改,各校都在建设校本教程,编写校本教材。二甲中学也有校本教材,就是二甲的蓝印花布,蓝印花布是南通的文化遗存。但我的理解是,校本课程更重要的是活动课程。二甲中学"我为班旗添光彩"的活动课程,是这样设计的:首先,我们让同学们设计班旗,并对班旗的设计做出解释,在这个基础上要求同学们制定班规班训,在开学的时候由班主任向护旗手郑重地授旗,然后开展"我为班旗添光彩"的系列活动。在一学年结束以后,请同学们在班旗上签上自己的名字,并在学校的档案室留存。

还有,我们"共同记载这一天"、"在故事中成长"等活动,师生对各自的生命状态有了更多的了解、理解以及感动。"寝室文化节活动",学生的眼界由过去的"卫生"、"纪律"一下子跃升为"文化"的层次。读古典诗词,每天给学生讲一个智慧故事,发动学生拟写班级理念,设计班旗,为班级取一个有内涵的班名……这些活动都激扬起学生生命的浪花。航模、书法、文学等社团活动也紧扣素质教育理念展开,真正起到了为学生生命得以健康、全面、有个性地发展搭建平台、营造舞台的功效。

在我们学校,网络、实验室、运动器材是全天候向学生开放的。我们的思考是:只有在一个开放的环境中,学生身心才能得以舒张,智慧和人格才有可能健康成长。学校管理,一切措施都应该从师生生命发展的角度出发!网络学习,学生能够开阔视野,了解外面的世界,主动迎接时代的挑战。对待网络,我们不能一味地堵,还要学会疏导。同时,充分认识学生生命的存在,营造一个开放的学习和生活环境。这样,学生一定会给我们带来更多的惊喜!

学校品牌建设,最难的是课堂,如何使我们的课堂成为"三个关注"的课堂,是学校品牌建设不可回避的一个现实问题。行为主义哲学和生命教育理念下的课堂教学应当是师生的"生命场"。理想的课堂教学是师生生命体相互交流、沟通、启发、补充的过程。在这个过程中,生命体彼此分享阅历、积累、心态、情感、观念和价值取向。在这个"生命场"里,蕴含着人的生命素质、生命质量、生命境界等持续不断生成的能量。这是一个渐进的、多层次的、多维度的、多因素的生命体相互作用、相互推进、彰显生命光彩的过程。

总之,学校办学理念是基于学校传统、现实以及理想的三维统一,蕴含着学校文化的核心价值和精神追求。学校办学理念以及在其引领下实践的创新发展,必然改善整个学校精神状态、文明举止和行为习惯等，并以文化的尺度衡量学校品牌的最终呈现方式。由此，学校办学理念的梳理、甄别、传承与提炼，决定着学校品牌建设的价值取向、发展方向，应该是学校品牌建设的切入口。

第二讲
校长与学校行为文化建设

2.1 校长的形象与作用

2.1.1 校长的眼界决定着学校发展的高度

学校管理,说到底是对学校办学理念、教育思想的管理,而学校的办学理念、教育思想的厘清和确立,取决于校长的眼界。可以这么说,校长的眼界、思路不仅在一定意义上决定着学校发展的出路和发展空间,而且会决定教师的眼界。校长的眼界有多高,思路有多阔,学校的出路就会有多远,发展的空间也就会有多大,校长的目光有多远,决定了教师能走多远。蔡元培校长在北大所主张的"兼容包并"的办学理念,引领北大在辉煌的道路上行走了一百多年,这就是校长眼界决定学校发展的明证。一校之长,要摆脱行政化、官僚化的倾向,要有执着的教育追求,真正定下心来,成为一个教育家,用教育家的眼界来办学。

作为学校行为文化建设的设计者和引领者的校长,我们既要明白学校行为文化建设的"功夫在诗外",更要明白"功夫在诗内"。一个校长,不仅要用社会活动家的眼界,努力协调好校外方方面面的关系,为学校的发展服务;更要用教育家的眼界,全身心地调动、整合学校每个部门、每一个人的力量,共同将学校内部的工作做好。一校之长,只有把充分挖掘内部力量和广泛借助外部力量结合起来,才能实现办学力量的无穷化和办学效益的最大化,才能使自己带领的学校形成它特有的学校文化。

孔子说:"君子求诸己,小人求诸人。"校长要成为教育专家,就要有求己的意识,因为求人是靠不住的,靠不住的原因在于,每个人都是特殊的个体,适合他的,不一定适合你。求己的关键在于不断增强自己的学习力、思考力。学,然后知不足,思,然后了解怎样去做。在信息、资讯高度发达的今天,作为学校管理者的校长,如果没有一定的学习力和思考力,就会成为井底之蛙,摸象的盲人。而一旦成了井底之蛙,摸象的盲人,你就难免故步自封,以偏概全,或者人云亦云,决策就会不切实际。要想使你带领的学校走在兄弟学校的前面,你就得不断地学习,认真地思考。学习,可以开阔你的眼界;思考,能够丰富你的思路。眼界开阔了,思路丰富了,决策就可能科学了。科学的决策,会使工作事半功倍。

在素质教育呼声日高的今天,校长更需要有宽广的眼界。校长眼界宽广了,才可能正确把握教育形势,准确理解教育的价值,认真探寻教育教学的规律,科学领会新课程改革的精神。"不谋全局者,不足以谋一域。"学校行为文化作为学校文化建设系统工程的一个子系统,需要校长在把握了教育的形势,理解了教育的价值,掌握了教育教学的规律,领会了新课程改革的精神的基础上,为学校准确定位,科学决策。有了准确的定位和科学的决策,校长所带领的学校师生、员工就有可能在所在学校领导群体的带领下咬定目标奋勇前行。

2.1.2 校长的胸襟影响着师生的和谐进程

季羡林先生有这样一个为人熟知的故事:季羡林先生平时打扮得非常朴素,即便是任北大副校长也是如此。有一次新生报到,学生看到他,还以为是学校的工人,就让他帮自己看行李,结果他等了那个新生一个多小时。在第二天开学典礼大会上,这个新生看到昨天那个帮他看行李的"工人"也在主席台上,感到非常的惊奇,问了旁边的同学,才知道这个"老师傅"就是我国著名的东方学专家、北京大学的副校长季羡林教授。

季羡林先生用他的行动告诉我们,校长要有海纳百川的胸襟。海纳百川,因为它处于下位。人也一样,当人自觉地处于下位他就不会过高地估计自己,就不会盛气凌人,也就不会看不起别人。当你自觉地处于下位时,你才会有广阔的胸怀去容人所不能容。校长不是行政官员,校长是教育专家,专家之所以成为专家,就在于他们时刻将自己摆在下位,没有架子,不以善小而不为。

作为校长,我们必须认识到,校长只是一种职业,而不是什么职位,校长还应该是一个专业,有它专门的学问。如果我们视校长为职位,我们就有可能脱离师生,脱离实际。而当我们将校长视为职业和专业的话,我们就能以平常人的身份与师生对话,静下心来倾听他们的声音,努力从他们身上汲取"养料"。良药苦口利于病,忠言逆耳利于行。善于倾听是校长管理学校的一种策略,多倾听同行、同事,尤其是被管理对象的声音,这样不仅可以及时纠正我们工作中存在的问题,有助于更好地决策,更能提升我们的个性修养。因为不同的声音(尤其是带有偏见的声音),可能是有道理的。我们听进去了,思考了,吸纳了,就会在我们的工作中纠正失误,矫正方向,轻松前行。善于倾听,是一种境界,是一种艺术,更是一种智慧。它需要的是大海般宽广的胸怀。校长心胸宽广,和谐学校的氛围就容易形成。

学校的管理,许多情况下是对人的管理,用人问题最能反映出校长的胸襟。关于用人,《晏子春秋》中说道:"任人之长,不强其短;任人之工,不强其拙。"因为人无完人,不可苛求。另一方面,校长在用人的问题上要有"小人求诸人"的意识。当我们意识到自己是"小人"和"矮人"的时候,才能发现其他人的优点。视自己为"小人"和"矮人"的校长,就会见人之长,容人之短,宽人之过。一个胸襟开阔的校长,要有自知之明,敢于正视自己的不足。当他看到了自己的不足,才会寻人之长、念人之功、扬人之德、甘当人梯。如果我们能从各个角度、各个层面来评价人,就可以发现每个人都可以是人才。没有绝对的不好,只有不同。校长多一些标准,多发现别人的优点,学校管理中的矛盾就容易化解,就会减少。这一多一少,换来的就是融洽的人际关系,人际关系融洽了,管理就会更轻松、更全面、更有效。

校长管理学校,在某种程度上集人、财、物于一身,在学校这个小天地里,如果处理不好,校长就可能会拥有绝对的权力。权力过于集中,私欲就有可能膨胀,私欲的膨胀,会使校长把学校变成自己的家天下。校长这个职务,就可能成为葬送自己的陷阱。因此,作为校长一定要记住:心底无私,天地宽。要不谋私利,不为名利,不计得失,不贪便宜。在日常生活中要慎独、慎微，要管住自己的心，管住自己的手，管住自己的嘴，管住自己的腿，时刻注意自重、自省、自警、自励，始终保持一个教育工作者的良好形象。当你在荣誉和金钱面前想到的是教工的时候，那么，教工们也会以此为榜样，想到别人。当人人都能为他人的荣誉和利益着想了，那么，学校离和谐的目标也就不远了。

校长的胸襟开阔了，管理团队就会团结；管理团队团结了，教师群体就一心；教师群体一心了，师生就融洽；师生融洽了，学校就和谐；学校和谐了，事业就会兴旺起来。

2.1.3 校长的素养关系着学校的文化积淀

关于校长的素养对学校文化积淀的影响，我们的一个基本观点是：好校长是一个好范本。苏霍姆林斯基也曾说过，如果一个人没遇到好老师的话，他就可能是一个潜在的罪犯，如果一个人能够遇到一个好老师，他再坏也不会坏到哪里去。如此看来，说一个校长是一所学校师生的范本也不为过。校长的素养是一种综合的素养，它既包含着作为人的基本的政治素质、道德品质、专业能力，也包含着人文知识构建起的文化程度和行政管理经验积淀成的文化因素。这是校长区别于其他单位领导者的特质，因为他既是管理者，更是教育专家。作为管理者兼专家的校长，其道德素养和专业素养对学校的文化建设有着不可估量的濡染力量。

学校行为文化作为学校文化的一个方面，是一所学校历史文化积淀在一定阶段的显露，而学校行为文化作为学校文化"动态"的部分又是需要维护和塑造的。在学校行为文化建设中，校长不仅是设计者、指导者，更是塑造者、维护者和推进者。校长对学校事业影响最大的因素是校长自身特有的人文知识构建起的文化程度和行政管理经验积淀成的文化因素。因为校长的行政管理经验尤其是文化素养程度决定着校园文化建设的力度。校长本人的文化素养所产生的对于学校行为文化的认识与评价会不知不觉地演变成学校行为文化建设的标准和模式。当校园行为文化建设处于进取状态时，学校事业的发展不仅强劲而且具有可持续发展的理念。可以这样说，校长的文化素养,不仅影响着校园行为文化建设在学校整体工作中的地位,而且直接影响校园文化建设的力度。

校长的文化素养深厚,眼界就开阔,思想就灵活,校长就可以宏观地设计学校行为文化建设的思路。校长的专业知识积累所形成的文化素养,决定了在校园行为文化建设中校长如何利用相关专业知识提出特有的文化内容。校长的文化品位在校园行为文化建设中占据突出的地位,因为校长在文化方面的兴趣爱好,决定着校园行为文化建设的具体方向。如果校长缺乏事物是不断变化、需要不断地生成的理念,他就只能沿着学校固有的模式重复前人的经验,或干脆让学校自生自灭。

当我们具备了较高的文化修养,以及与这种修养相一致的文化眼界时,我们就可能打破固步自封的狭隘,超越个体经验的局限,不断地从相关的事物中寻找参照物,看到自己的不足,探寻改进的办法和出路。当学校在校长的带领下,不断地改进和完善自己的行为方式时,这所学校特有的文化就有可能慢慢地积淀和传承下去。

2.1.4 校长的践行改变着师生的行为方式

校长应当是一个思想者,要在自己的办学过程中形成自己的教育思想,提出自己个性化的办学理念。同时校长更应当成为一个有思想的践行者,而不仅仅只是一个思想者。

苏联教育家苏霍姆林斯基在做校长期间,每天早晨八点整到学校走廊去迎接上学的孩子们,整个白天都用来做班主任工作、上课或听课,晚上则忙于整理笔记。在他当校长的 30 年间,他致力于跟踪观察和研究不同家庭的学生在童年、少年和青年期的各种表现,对 3 700 名左右的学生做了观察记录,并始终亲自带着四五个最难教育的学生,重点观察和教育。每天听教师的一节课,关注一名困难学生,观察、记录一次学生的言行;捡起地上的废纸,换下坏灯泡,拧紧螺丝钉。苏霍姆林斯基正是通过这些具体实践成就了一番事业,影响了世界的教育。

作为校长,我们的每一点思考、每一步设计、每一个行动都要能为师生所效仿。因此,我们要用我们的思考、设计和行动去影响我们的师生,要用全新的理念去影响他们的理念,改变他们的行为方式。随着时间的推移,一所学校,自然会形成它特有的文化传统和文化氛围,这种传统和氛围,会不知不觉地影响着学校一代代的教师和一代代的学生。这文化传统和行为方式,有健康进取的,也有颓废落后的。作为校长,一个重要任务就是要引领管理团队成员、师生员工去甄别、去遴选。在甄别和遴选的基础上,努力发扬那些健康进取的文化,摒弃颓废落后的文化,在张扬和摒弃的同时,形成一定时期内全新而又丰富的校园文化特色,并在这样的文化特色中努力改变自己的行为方式。

作为校长,我们的日常行为,应当力求规范而潇洒、儒雅而灵动、端庄而活泼。我们的管理行为,应当致力于建设与学校发展方向相一致的制度建设行为,与学校的培养目标相适应的课程建设行为,有利于提高师生生命质量的教学组织行为,致力于创设师生和谐发展的人际关系行为,着眼于建设德艺双馨的教师团队的校本培训行为,以及为人师表的示范行为、不倦探索的创新行为等方面。在这些方面,校长要躬身践行,为人表率。校长的日常行为、管理行为,必将影响着师生的日常行为、教学行为,进而形成全校上下步调一致、整体联动的行为,以此有效地推进学校的各项工作。

如前所述,学校的行为文化受着学校传统和社区文化的影响。毋庸讳言,传统文化、社区文化对学校行为文化的影响力是巨大的,不可估量的。因此,在学校行为文化建设中,我们要充分认识到传统文化和社区文化对学校文化建设既有助力作用,又有阻力作用。只有这样,才会意识到校园行为文化建设的艰辛。因为文化建设的特点决定了它不可能是一朝一夕的,更不可能仅仅靠一个理念、一种思想、一次行动就可以见效。学校行为文化的建设,校长要有耐心,更要有信心。有了耐心和信心,我们才可能在学校行为文化建设中不停地思考,不断地行动,在学校的行为文化建设中成为有力的推进者。

学校的行为文化建设,关键在校长。校长的眼界有多高,学校的行为文化建设就会走多远;校长的心胸有多阔,学校的行为文化建设思路就有多广;校长的素养有多好,学校的行为文化建设就会有多美;校长的行为有多灵动,学校的行为文化建设就会有多丰富。校长用心思考并躬身践行,校园就有可能是充满文化的,师生员工的行为一定会是魅力四射的,更是充满智慧的。

2.1.5　校长的引领提升着师生的格局境界

就行为文化建设来说,作为推动者的校长,有一个重要的职能,那就是引领。引领的前提是校长能明确教育行进的方向和目标,引领的终极价值在于找到某种师生能共同承认的"文化基座",进而不断跃升生命,达成人生的新境界。从管理的角度说,成功的学校管理,就是要用理念点亮教师心灵之灯,给教师一个诗意的栖居,让他们拥有幸福愉悦的精神生活;要用理念给教师一双进取的翅膀,让他们树立干一番事业的雄心壮志;要用理念给教师一种向心力,让教师心往一处走,劲往一处使,同心同德,益然而立。

这之中,如何有效地进行引领是所有问题的核心。简单地说,有这样几点:一是校长要有权威,这权威不仅是行政上的,更应该是业务上的。我前前后后换了三四所学校,每到一所学校,这所学校的语文教学质量都有明显的上升,为什么? 就因为我是语文教师。我到一所学校,总会承诺,有什么课文、课型教师感觉难上的,我来试试看,无论初中、高中,也无论哪个年级。这种建立在学术层面上的牢靠权威,将有效地加强教师,尤其是管理者的信度和效度,长久浸润在这种文化场、管理场中的教师,就可以将学校的要求内化为一种自我认同,因为他们找到了某种"眼见为实"的示范和路径。

二是要有思路和办法。所谓思路和办法就是想不想做,怎么做,能为教师搭建怎样的平台,提供怎样的服务的问题。就管理者而言,首先是借力,借专家之力,借网络之力。比如借专家之力,校长与教师在许多情况下是存在矛盾的,有时候你讲什么,许多时候教师会认为你又弄什么"花头"来整他们。专家就不一样了,他见多识广,有说服力,况且,不同的专家,因信息源、学术背景、言语习惯不同,可以从不同的层面相互印证和补充。另一面是"走出去",即校长还要不失时机地带着教师出去开开眼界,让他们在不同的教育场域、传统文化和课堂建构的多元参照中体会自己的文化主张、观念主张,直至教育信念。这个"内濡"的过程,不同于行政力或威权力,而是一个善于发现、变通的校长,在"曲线救国"的思路下实现教育预期。

三是要有抓手,这就是用小团体来推动大团队,用心思培植学术"亲信"。就像二甲中学的"青年近卫军"、学校的"精英"——"今天第二"青年教师专业成长沙龙。在他们中间,如今已经有一批佼佼者,他们能吃苦、肯思考,课上得也不错。正是这些小团队的不断成长和发展,才会慢慢带动周围的老师,然后像滚雪球一样,越滚越大,团结在学校行为文化旗帜下的同仁志士也就有了改善一所学校乃至一个地区教育生态的可能。

2.2 校长应具备的品质和能力

2.2.1 让自己成为范本

春秋时期,齐景公自从宰相晏婴死了之后,再没有人当面指责他的过失,与他坦诚相待,因此心中常感到苦闷。

有一天,齐景公欢宴文武百官,席散后,一起到广场上射箭取乐。每当齐景公射一支箭,即使没有射中箭鹄的中心,文武百官都高声喝彩:"好呀! 妙呀!""真是箭法如神,举世无双。"事后,齐景公把这件事情对他的臣子弦章说了一番。弦章对景公说:"这件事情不能全怪那些臣子,古语有云:'上行而后下效',国王喜欢吃什么,群臣也就喜欢吃什么;国王喜欢穿什么,群臣也就喜欢穿什么;国王喜欢人家奉承,自然,群臣也就常向大王奉承了。"

景公听了弦章的话,认为弦章的话很有道理,就派侍从赏给弦章许多珍贵的东西。弦章看了摇摇头,说:"那些奉承大王的人,正是为了要多得一点赏赐,如果我受了这些赏赐,岂不是也成了卑鄙的小人了!"他说什么也不接受这些珍贵的东西。

上行下效,真的是千古名言! 有人说:"校长必须具备一名教师所具备的一切素质,一校之长应是师者之师。"他强调的就是校长对教师的示范性。作为校长,我们必须成为师生的范本。

管理者,重在示范,在于言必信,行必果。这也是我历来的信条。有同仁怀疑我是不是天天与师生在一起,这很正常,人总有惰性,谁也不例外,但是承诺的,总得兑现!因为管理者,也就是所谓的领导,我的理解是:领导,就是领着一班人在前面跑的人,并在前行中对同志们有所帮助和指导的人,也就是必须时刻在场的人! 而不是要求别人干,自己在一边看的人。再说,你要求别人做到,自己做不到,谁会信服你呢?没人信服的领导,你还能领导谁呢?

分管后勤的葛坚校长曾在他的一篇博客中写道:

"前些日子,听教师反映,文津楼顶层教室有几处漏雨,实地一看,比想象要严重得多。于是,我们急忙打报告给有关部门办理维修手续,并联系施工人员,同时关注天气预报(必须要有一周的晴天方能施工)。后来,好不容易得到了在本月中旬将有连续一周晴天的信息,我们便催促施工队马上进场施工。施工前,我们与施工队明确了施工程序及相关要求。施工第一天,我们还爬上楼顶,察看施工质量,结果发现施工人员根本没有按要求去做。他们对楼面根本没有进行清理,基层也没有上浆,于是,勒令返工。下午再查,基本满意。"

这就是"生命在场"。于是我重新理解了管理要达到"在与不在一个样"的境界。其实,管理需要文化的支撑。对于那些常规、例行的工作,我们可以通过制度、程序来规范,因为大家理解和接受了,他们就会去执行。但工作条件不是一成不变的,比如由不同的人来执行相同的任务,由相同的人来执行不同的任务,各人的理解程度不同、自律程度不同、技能掌握不同等等,都会造成结果与期望的偏差,这就需要一种力量随时进行调控,需要管理者的"在场",特别对于灵活多变,需要改革创新的各项事宜,更需要管理者的"在场"。"在场"是一种积极的心态和有效的监督。

管理,需要"生命在场"。任何一个单位的管理,措施再好,要求再高,但如果管理者只是动口不动手的"君子",再好的措施也就只是措施,它永远也不可能成为团队成员的行动,更不可能形成一个单位的传统,我们也就不要指望它成为一个单位的文化。

我们要求管理者凡是学校的制度,必须带头执行;凡是要求师生做到的,必须先做到;凡是一时难以做到的要求,尽可能不提出来。在我当校长的学校,我都以身作则,从自己开始,每一个管理者都必须兼课,都要分管一个年级、一个学科、一个班级。

孔子说:"其身正,不令而行;其身不正,虽令不从。"这说的是:当管理者自身端正,作出表率时,不用下命令,被管理者也会跟着行动起来;相反,如果管理者自身不端正,而要求被管理者端正,那么,纵然三令五申,被管理者也不会服从。

校长,应该成为师生的范本。校长成为了范本,才可以要求教师明白:在学生面前他们每个人都是管理者,更是示范者。我常常要求同仁们思考这样一些问题:我们要求学生到校后将自行车放在指定的位置,还要安排人检查打分,我们自己做到没有?学生上学、放学的高峰时我们又是怎么进出校门的? 到校后我们的车辆是怎么放置的? 学生在教室里读书,我们在哪里,在干什么? 其实,许多时候,我们的言行举止在学生面前是应当好好检点的。所以,当我们要求教工、学生这样那样做的时候,请先想想我们自己是不是也做到了,能不能成为学生的表率,能不能令学生信服。

2.2.2　校长必须是上课能手

校长在学校行为文化建设中具有不可替代的引领作用,但是,光靠理念的引领,一所学校是不可能有生机的。睿智的管理者往往要通过借力来促使事业成功。校长的范本作用更多的应该体现在课堂教学研究上,校长必须是上课的能手,理念的推手,改革的先行者,教师的范本。

我一直在思考:我们的公开课、示范课、研究课是不是用来表演和欣赏的,表演的成本有多大,表演的效果有多少,这样的表演带来的是什么? 我不反对课堂教学的预设。预设是干什么的? 预设不就是尽可能地从学生、教材、课堂出发,预想可能出现的场景和应对这些场景的方法和措施吗? 但预设不可能包罗万象,因为学生是活的,课堂情景是千变万化的。同时总不能我们没有预想到的就不应对吧? 更不能认为不在我们的预设中,就与课堂无关。所谓的预设,总不能像打鬼子那样,设了个口袋,让鬼子往里钻吧?

再比如,借班上课似乎已经成为大型教研活动和教学比赛中不可回避的一种现象。但借班上课就可以不从学生实际出发吗? 因为不是我教的班级,我对学生不可能那么熟悉,就可以不顾及学生吗? 然而,只要走进课堂,教师与这个班学生面对面的时候,该有的感觉、方法和关心都应该有,借班上课,万万不能成为我们不顾及学生的借口。这一点,对于有追求的教师,似乎更为重要。

从种种情形看,一方面校长必须要上课,如果脱离了课堂实践,站在"他者"的角度上对教师教学说三道四,就是瞎指挥;但另一方面,校长又必须保持足够的警惕,警惕时下一哄而上的时髦,警惕人云亦云,警惕因世俗和所谓的"标准"束缚了课堂的建设和发展。

校长,本就是教师。教师的一个重要技能就是上课,我们万不可因为成了管理者,就只知道去"管"——用手里握着的一根竹鞭去抽打下属,而忘记了"理"——去治玉,将一块块玉石雕琢成精美的玉器。校长要做的是用我们的范本,去影响师生,磨砺师生,这样我们的管理才可能是有效的。

当校长了,我们不仅要上课,还要上好课。这是我多年来的体会,也是我多年来奉行的一个原则。在我管理学校的过程中,我时不时就自告奋勇上公开课、研究课,还喜欢偶尔与教师"PK"一下,看一下我们一位老师发表在《成才导报》上的《校长和我们"PK"》一文,我们就会明白这"PK"的影响和意义了:

2007 年 11 月 2 日下午,通州市金沙中学阶梯教室座无虚席。学校举办的初中语文教师优课评比活动正在进行。"凌校要和青年教师比赛"的消息不胫而走。同学科的、不同学科的;初中部的、高中部的,以及下午没有课的老师都三五成群地赶来了。

比赛在紧张而有序地进行着。三名年轻的选手都是经过第一轮比赛挑选出来的,他们所执教的都是季羡林所写的《神奇的丝瓜》,他们跟校长一样,都是前一天下午才拿到课文的。年轻选手们精心制作的课件及精彩的讲解不时赢得同事们钦佩的目光,对此,我们语文组的同仁都有点儿沾沾自喜。

轮到凌宗伟校长上场了,只见他手拿一支粉笔,一张讲义。在"同学们好"的问候声中,开始了他的课堂教学。

"同学们,你看到过丝瓜吗?""你见到过神奇的丝瓜吗?""你想知道季美林笔下的丝瓜吗?"……一个个饶有趣味的问题,紧紧地吸引了学生的心,同学们的热情一下子被激发起来了。

"这个词理解吗?""不理解咋办?""查字典? 讨论?""你认为这段很神,是吗? 让我们一起来欣赏吧!"学生讨论、碰撞;教师点拨,引导,品读穿插其间。台上台下,你呼我应,师生互动,相映成趣。就在这轻松、和谐的氛围中,同学们理解了字词,也感悟到了丝瓜的神奇所在。

"丝瓜真的有思想吗? 如果有思想,又是谁的思想? 想知道吗? 那就请跟我来!"一组材料,几句点拨,国学泰斗季美林的高大形象就这样悄然走进了孩子们的世界里。何等经典!

"何为参禅? 何为达摩老祖? 佛学中有怎样的禅意? 你读出了文中的禅意了吗?"一串串的提问,造就了课堂一个又一个的亮点,不仅是学生,连听课的老师、评委也都陶醉其中,想跟同学们一起回答问题。课堂高潮迭起,精彩纷呈。

听凌校长的课的确是一种享受,他那随和的、自由的、灵动的、不拘教案的课堂教学,犹如散文般的洒脱、隽永,让人常听常新。尤其是今天,听了这堂课,我心中的那份窃喜早已荡然无存,留下的只是不尽的思考。

启迪之一:凌宗伟在给学生上课的同时,也为我们上了一堂生动的教育课,我们在追求课堂外包装的华丽精美时,是不是更要注意内在的深刻与隽永? 我们在强调课堂设计的精彩时,是不是应该更多地考虑如何教才能更合学生的意? 我们在千方百计地调动学生学习积极性的同时,自己有没有激情地投入? 对照凌宗伟的课,反思自己的教学是不是太肤浅了? 这场比赛让我受益匪浅。平时的教学中我们只习惯于参考书,习惯人云亦云,很少自己独立地面对一篇课文去读、去品、去悟。对教材挖掘不深,浮于表面,导致课堂上牵强附会,学生也难以真正掌握。是啊,自己本身都未能真正地弄懂弄透,又怎能引导学生去理解、掌握呢?就像本节课所表现的那样,不深入地钻研文本,不研究作者,读不出文中的禅意,文章所体现的那种豁达随缘的人生态度就很难落到实处。要实现《语文新课标》中所说的"阅读是学生、教师、文本之间的对话的过程"简直就是一句空话!我豁然开朗了:点石成金的背后,是对文本深刻的领悟。

启迪之二:看似随意的课堂无不体现其精心的预设。这堂课,凌宗伟没有借助于任何教学辅助手段,却获得了巨大的成功,原因还在于他精心的预设。从他说课中得知,就本节课的教学从何处着手,他预设了四种方案:从神奇的丝瓜入手;从季羡林的作品入手;从散文阅读的方法入手;从揭示全文主旨的句子入手。课堂上他压根儿就没去想自己究竟用哪一种方案,而是由着学生的回答自然而然地推进,真正体现了他的"随课堂之意,随学生之意"的课堂教学风格。

启迪之三:只有教师激情地投入,才能创设激情飞扬的课堂。平时教学中,我们总埋怨学生太呆板、气氛沉闷、没有活力。寻求原因时,我们大多一味地从客观上去找原因,即使从主观上去找,也大多从课堂的教学设计上去找:问的问题是不是太难,致使学生难以把握?设置的情境是不是没有趣味,以致学生提不起兴趣,没有热情?今天这场比赛,学生都是来自初三年级平行班的,可凌宗伟的课堂气氛为什么那样活跃,学生的热情为什么始终是那样的高涨?我终于找到了答案:激情飞扬的课堂,需要激情奔放的人去创设!教师用自己的激情诠释着文本,演绎着课堂,传递着作者的情感,感染、唤起了学生的激情,这样的课学生怎能不喜欢!

其实，不单单是上课，学校的其他工作，我们也要有意识地同教师"PK"。因为"PK"，我们就会严格要求自己，认真做好自己的本职工作，因为"PK"，师生就可能认可我们的管理，认可我们的为人，认可学校的追求。

这种"PK"绝不是为了炫耀，为了标榜，其意义在于为教师树立一个样板、一根标杆，给教师指明一个方向，还在于教师之间、师生之间可以融洽关系，增进了解。所以，每次"PK"以后，我都会给老师们讲我的意图、感悟和看法，请老师们谈谈他们的观感、想法和意见。通过"PK"，还能促进教师个人的反思。在一次次的"PK"中我们交流思想，碰撞智慧，接触心灵，求同存异，促进理解，共同前行。

都说校长应该是专家，是教学的专家，教育的专家。尽管能不能真正成为专家，不是我们能做主的。但我们这些校长可一定要有成为教学专家、教育专家的意识，有了这意识，我们也就有胆量时不时地同教师"PK"一下了。

2.3 从"吹鼓手"到"开拓者"

2.3.1 校长是教师(职工)的吹鼓手

很多人曾问我,一个理想的教师应是什么样的? 我觉得这是个极重要的问题,因为它涉及到我们对教师价值的判断。我认为理想的教师对教师这一职业不仅要热爱,更需有对这一项神圣事业的激情。有了这份激情,我们才能将所有的业余时间都用在研读教材、设计教案、苦练教学基本功上;才有可能做到,不管在哪所学校,无论教什么科目,都充满热情,充满希望;才能够全身心地投入到日常的教育教学当中去,就是面对各种艰难险阻也毫无顾忌;才会全身心地投入教育教学工作,一路行走、一路风尘、一路收获,成为一名好教师。

正因为如此,我在培养青年教师时,不断点燃他们的教育激情,增进他们对教育本原的理解,而自己则以一个吹鼓手的角色,通过不断引领、纠正方向、帮助和拓展他们的思维,渐渐实现其教师功能转变。所谓"一枝独放不是春,百花齐放春满园",在我看来,一名合格的校长,就应当不遗余力地促进全体教师的共同成长。

怎么"吹鼓",我是动了很多脑筋的,因人裁衣,因势利导,最大化地发挥各个教师的潜能,因为"教育不是发展一个人身上'没有'的东西,而是成全他'有'的东西"。实际上,这个"有"也正是我所秉持的教育哲学的"基点",至于如何从中生出佛家所说的"万有",乃至"妙有"来,则是见仁见智,也是一名校长的艺术所在了。

吹鼓一:从"百草园"到"三味书屋"

五年前,我在学校建"今天第二"QQ群,肇始于对整个教师群体的管理,大家在其中畅所欲言,就教育教学中的进退得失做了很多探讨。这样,随着队伍的不断扩大,来自全国各地的名师、专家、媒体都纷纷落户到我这"百草园"中,倾听我们教师的声音,一方面"接接地气",一方面采集信息。于是,我适时引导,让大家开始做主题发言、焦点讨论,并定时总结,并整理出版校刊《今天第二》。

这一过程,让很多教师的阅读、表达、写作能力得到了提升,有些教师开始显示出不俗的一面。特别是 2010 年、2011 年的暑期,我们学校成功地承办"文化发展学校·对话创生思想——全国生命化教育课题研讨会"和"文化发展学校——通州对话"活动,来自北京、上海、江苏、浙江、福建等全国 15 个省(市)、近 800 名教育界工作者全程参与和学习。活动邀请了如孙绍振、张文质、成尚荣、刘铁芳、许锡良、刘良华等一大批国内外专家、学者,我乘机吹鼓青年老师参与其中,和专家零距离接触,并通过公开课、论坛、记录日志等多种途径,让更多教师渐渐走出小小的二甲,在省内外拥有了不少的"粉丝"。

2010 年,我在"百草园"的基础上,建了个"三味书屋"——"今天第二"青年教师读书会,将一帮对教育怀有激情和热情的老师融入其中,每个月确定一个讨论话题、共读一本经典、完成一篇教育写作,我形象地称之为"研讨味、读书味、写作味"。两三年下来,《民主主义与教育》、《被压迫者教育学》、《一个称作学校的地方》等教育名著进入了众人的视野,各人就其感受,通过四五期研讨会详细做了交流,收获都很多。而在具体的教育观、教材观、学生观方面的专题讨论就更多,各地的专家、学者、编辑、记者也常有"留驻",见证了许多精彩时刻。

有了这"三味书屋",老师们的成长也渐入快车道,比如青年教师邱磊通过一年的时间阅读杜威,在我的"怂恿"下,在《中国教育报》、《教育时报》、《师道》、《教师月刊》上发表了诸多文章,有关班主任工作方面的记录和思考,也多有文字散见在《福建教育》、《教育研究与评论》等刊物上。2012 年他幸运地被《教师月刊》评为"年度教师",杂志社让我写点文字,我于是从"三味"的感慨中一书胸臆:

"他是一个热爱阅读的人。一个拘囿在角落里的乡村教师,其有限生命,如何和古往今来、寰宇四海的先哲'通上电'？唯靠读书！唯有持续不断地阅读，才能令他的精神世界渐渐宽广，眼界慢慢打开。当一个人的教育生命因知识的支撑和精神的涵养而变得丰富时，其将来的作为，才有了真正可以依赖的根基。

"他是一个充满行动力的人。知行合一，从来都不是一件易事，而邱磊在一线工作所尝试的，就是在两者间构建起一座桥梁。他每天陪着孩子们，力图通过自己得来的知识，融会贯通于教材中，让他们学得更好，成长得更好——不仅有应付考试的贴身秘籍，更有独立于世的文化熏陶和公民教育。如此身体力行，让他的教育哲学变得明晰、透亮，让他的心纯净、朴实。他做的，正是工业化和模式化替代不了的'个人的教育'。

"他也是个善于记录的人。他喜欢记录名家的讲座，喜欢记录个人的碎语，喜欢记录驳杂的课堂，喜欢记录巨著的启思……一年几十万字的累积，从另一个侧面见证了一个人的成长史，而这部特别的成长史，也是他对教育的触摸由模糊到清晰的过程。这其中，人会变得异常清醒和坚毅，人也会真正看清自己，以及自己的未来。"

如今邱磊老师也因主编《偷师杜威》一书得到了更大范围的关注。

从"百草园"到"三味书屋"，其中累积的，正是我们这个团队的集体成长，阅读、思考、行动、记录，已经成为了每个人的生活。而我正是一名吹鼓手，把身边一个个"爱智慧"的教师推上前，给他们搭建更广阔的舞台。这个工作，就像是启动了一扇门，门后有另一个世界，未来的无限可能性和创造性都在其中。但老师们缺的，正是一个推手或机缘。有时候，多向前迈出一小步，整个人生的格局都会有很大的不同。

吹鼓二：从"逍遥游"到"得意忘形"

季勇，是我在二甲中学带的学科徒弟。我来之前，他已连续教了三年初一，成了学校领导眼里不被认可的教师，对职业生涯已是心生厌倦了。我初到后，他怀着满肚子委屈，发了篇名为《呼唤名师，挺直脊梁，酝酿大气》的博文，主张年轻教师的成长要靠滋养、靠润泽，要有一种耳闻目染、潜移默化、薪火传承的人文环境。这篇文章文笔洗练，进退有据，一语中的。我一见，知道是性情中人，心有所喜，竟不想从此结下师徒之缘。

课堂教学,本就是千变万化的,尤其是语文,更是教无定法。上下几千年的积淀,文化、历史、政治、民俗统统叠加起来,需在一门学科中集中体现,确实有难度。所以我告诉季勇,语文课是一个充满活力的生命整体,处处蕴含着矛盾与碰撞:师生之间的,同学之间的,师生与文本之间的,文本与现实生活之间的……而这些矛盾与碰撞,往往就是生成的火花和引子。一个优秀的语文老师,应如同庄子说的"逍遥游"一般,随手拿捏,取舍自如,心意相通,"游行于天地之间,视听于八达之外",对生活、对生命的觉悟都应高于普通人。

谈了对语文的学科定位后,我给季勇的见面礼就是自己当年评特级教师时的材料,厚厚的两大本,以勉励他心怀大志、十年破壁,同时还提出每周要听一节随堂课的要求。我第一次去,他上的是《海燕》,我发觉他基本功尚扎实,但无法"逍遥游",尤其是与生活的贴合度不够,有点僵硬。我对他说:"你要注意一下,提问要问得宽泛一点,比如提问:'你喜欢文中的哪些文字,为什么?'这样的问题,最贴近学生,最能引发学生的思考,学生也往往最有话说,因为话语权是他们自己掌握的。在这样的环节中,学生不再是听众,更不可能成为看客,他们的生活、感悟和交流,就是最好的教学资源,会使课堂教学变得生气勃勃而富有灵气。"我点出不足,他边听边记,过几天去,果然是一个新面貌。于是,我也常常上点示范课或研讨课,供他参考。

但要畅游天地间,光听我的课是不够的。于是,我们去兄弟学校取经,并介绍他参加华师大语文学科的培训。于漪老师的平易、余映潮老师的精心,特别是郑桂华老师的作文课,都让他受益匪浅,大呼过瘾。不久,我继续鼓动,为他造势,成功帮他加入南通市通州区的"名师沙龙"组织,在这个新的天地中,助其开拓眼界,化凝解滞,缔连群英,打通枢脉。可以说,几年间的不停"修行",的确让其有不小的改变,在他身上隐隐看到了沉稳、干练、大气的教风。

但我对课堂的看法,并不止于"逍遥游",因为这只涉及到形而下的"相",还只是外化的东西。我告诉季勇,我更期待的,是"得意忘形"的境界:一得"教材之意",要吃透教材,准确把握教材的主旨、特点和作者的意图;二得"学生之意",须了解学生的需要,适时调控其学习情绪,使之渐入佳境;三得"课堂之意",即充分认识到教育教学是一个动态变化的过程,而不是一套不变的、机械的程序。

"忘形",则是一要得忘掉"教师之形",把自己与学生放在同一个层面上,认识到自己是学生的合作者、帮助者,要时刻以欣赏的目光看待学生;二要忘掉"教材之形",既不拘泥于教材和教案,也不拘泥于形式,而以自己的机智及时调整方案,以适应千变万化的情况;三要忘掉"课堂之形",努力将课堂视为一个小社会,是师生互动合作的舞台。只有这样,我们才会在与学生的合作、沟通中享受到教育的乐趣。

经此提醒,季勇注意到了"无招胜有招",不再刻意地追求某种教学形态、套路或模式,磨砺得多了,有时候课上得开阖自如,纵横驰骋,无论是课堂控制,还是技法心得,确实让人为之一叹。"为无为,事无事,味无味",保有如此的心态,课没有道理上不好。他也笔勤,多有记录和思考文字发表,一以贯之的"理性语文"在省内外还小有名气。可以说,季勇老师正是我为青年教师成功吹鼓的一个范本。

吹鼓三:从"燃灯者"到"薪火相传"

我的另一位得意干将——朱建老师,治班有道,善管理,长谋划,能组织,懂协调,属于能调度四方的全才。我在为不同优秀教师吹鼓时,很早就想在德育或学校管理工作中物色若干新人,而朱建就是最早进入我视野的才俊之一。

把准了脉之后,我就开始在这方面留心。其实,学生管理是一件蕴含着丰富的智慧而又意义深远的事情。这个过程中,唯有从其心理出发,因人因事巧妙设置各种情境,才能够取得良好的教育效果。我建议朱建,可以从创立"班级博客"开始,利用新兴事物的强大生命力夺得学生的心理认同和情感支持。谁知"新政"一推行下去,立马就收到出乎意外的反馈。学生积极响应,他们将教室当作自己的家,一花一草,一桌一椅,仿佛都有了生命,每个人都希望由自己来记录、拍摄班级每一天的新变化,写下自己的感言和心情。一时间,整个班级的凝聚力被调动起来了,大家聚成一股绳,为有这样一个开明和智慧的"老班"而欢呼。

为了提升学生的写作能力,朱老师借鉴做校刊的经验,在班上办了一份名叫"将行天下"的班刊。成功试行几期后,考虑到排版、制作、印刷等工序耗费的精力、财力太大,且时间间隔比较长,于是干脆将班刊搬上网络。就这样,在这个网络世界中,班级活动、班级事务,都由同学们管理和参与,他们或访问留言,或发表评论,或与"老班"讲讲悄悄话,整个教育活动都被带活了。另一方面,为了表彰优秀学生,朱老师在班上定期评选"将行之星"荣誉称号,将评选上的同学的照片附上文字说明上传班级博客,作为永久纪念。那些获得"将行之星"荣誉称号的同学看到博客上关于自己的表彰后,纷纷打电话告诉父母,叫父母访问班级博客,见证自己的成长。

慢慢地,班级博客成为一处展示同学们各自风采的"舞台",一本记录着同学们奋力拼搏的"账册",一盏指引着同学们前进方向的"明灯"。朱老师后来总结说:"让我们把睿智的目光投向充满无限生机的现实教育生活,在教育学、心理学理论的指导下积极探索、勇于实践,我们用爱支撑的教育行为必将结出丰硕的果实。为感恩、为责任、为使命做好班主任,这将是我永远的信仰。我们为爱而工作,我们终将到达成功的彼岸!"

朱老师的班主任工作所取得的成绩,渐渐被世人所认识。我看到朱老师的做法初有成效,就将治校理念下移,主张朱老师建构自己的全面的班级管理体系,依托网络,从育人理念、管理制度、班风建设,到班徽、班旗、班歌,甚至班印都做了统筹。如此大胆而新颖的德育新路,被我向外推荐后,引来大批"粉丝"围观。凭借良好的工作成效,朱老师连续四年在南通市班主任论文评比中获一等奖,成为南通市级骨干教师,2012年又荣登《班主任之友》杂志的封面人物,并受邀到陕西做了介绍班级管理的讲座。

取得这样的成绩的确是不容易的,但仅仅点燃一盏灯,开启的智慧和润泽的生命毕竟太有限了。还要吹鼓起更多的人参与其中!于是我和朱建商量,建了一个"三人行·班主任成长"群,将有效的管理经验挂在网上和大家分享,再定期办沙龙,希望我们的星星之火,可以燎原,可以薪火相传。这样的艰苦努力,果然带来了回报,如吕斌老师，开始主持心理健康咨询室，并取得成功，其后又走上教科研之路，成为"南通市教坛新秀"，成为一个冉冉升起的新星；再如周林聪老师，带班活络，用心用力，设计的班会课多次在大市里获得优胜奖，令人惊喜。2013年暑假，朱建调任一所九年制义务教育学校的校长，在不到两年的时间内，已经将这所学校办得有声有色了。

吹鼓，还要善于把握机会，这四五年我和我的同仁们利用上级组织的各种比赛和表彰，通过向外推荐、媒体介绍，推介出了通州区劳模、十佳后勤人员、巾帼英雄、青年突击手等一大批优秀教师。这当中，不仅有教师，也有工人；有老教师，还有青年才俊；有教学业务的，更有向上推荐参加干部考察工作的。看到自己的吹鼓，换得优秀的教师脱颖而出，换得普通的教师改变轨迹，换得混沌的教师幡然觉醒，真是一种难言的幸福。任何一个人做校长，都不能千秋万代。在自己所能影响他人的几年里，每天可能会做出无数个"选择"，它们或基于行政、法规、行业、历史、民俗……但静下心来看：有没有一种基于人的立场？我想，当我在千百条选择中穿行时所坚持的，正是对上述问题的回答：竭尽全力，为丰富每一个草根教师的生命而吹鼓。

2.3.2　校长是独立的开拓者

身为学校管理者，我们最大的麻烦恐怕在于将希望寄托在别人身上，这里的别人当然是广义的，它可以是上级主管部门，可以是某些领导、专家，也可以是某些名校、模式。总之最好能有一个可以复制的路径和方法拿来就用，最好还能立竿见影。

我当校长的时候，常常用我的师傅陈有明先生的故事来告诫我的同仁，拯救我们的只能是我们自己，自己才是自己事业的独立开拓者。命运一旦掌握在别人手中的话，往往会有不可逆转的后果。我师父将近七十的时候去登华山，是自己一步一步爬上去的，别人问他为什么不坐轿子，他说自己命运自己掌控，将自己的命运交给轿夫未必靠得住。有人说，向某校学习改革是必做的事情，不是选做。我的观点则是对人家的东西恰恰需要的是选做的态度。学习的特征就是要有所选择。

每一所学校总有每一所学校的具体情况，不同的情况下路径自然也就不一样。但有一点是一样的，就是任何学校都得尊重教育规律，恪守教育常识——传承文化，使人成人。这当中有一个梳理与甄别的问题，还有一个出发点的问题。一所学校的发展，离不开它所在的社区和自身发展的历史，一个人的成长，除了文化知识的习得还有其他方面。我们能做的就是如何为学生的生命成长提供各种可能。雅思贝尔斯说："教育是极其严肃的伟大事业，通过培养不断地将新的一代带入人类优秀文化精神之中，让他们在完整的精神中生活、工作和交往。在这种教育中，教师个人的成就几乎没有人会注意到，教师不是抱着投机的态度敷衍了事，而是全身心地投入其中，为人的生成——一个稳定而且持续不断的工作而服务。"

在我的学校管理中，我总是会强调，对人家经验的处置一定要有自己的思考，更要有明确的取舍，别人的东西往往貌似科学与系统，但这科学与系统后面更多的是为人所不见的东西，或者是不足为外人道的东西。就如勒庞所言，"在可见的事实背后，有时似乎还隐蔽着成百上千种看不见的原因，可见的社会现象可能是某种巨大的无意识机制的结果，而这一机制通常超出了我们的分析范围"。可见，现实繁琐而复杂。身为管理者，我们的一个基本技能就是如何在繁琐中见简捷，在复杂中找单纯，在貌似科学合理中发现不科学与不合理，进而用我们自己的方式引导师生在轻松愉悦、简单而不单一的情境下教有所长，学有所获。这恐怕就是一所学校与其他学校的区别所在了。

上级与领导的指示、专家与学者的引领固然重要，但要解决实质性的问题，恐怕还在我们自己。"教育，不能没有虔敬之心，否则最多只是一种劝学的态度，对终极价值和绝对真理的虔敬是一切教育的本质，缺少对'绝对'的热情，人就不能生存，或者人就活得不像一个人，一切就变得没有意义。"我理解的"热情"，其实就是责任心，就是对教育教学工作的态度。这态度不在于我们花了多少时间，而在于我们在具体的事件和个体身上花了多少心思。

雅思贝尔斯说，教育"既不能落入过去，也不能转向未来，而是完完全全存在于现实之中：在真理的获得中敞开道路，并继续坚持这一道路"。"我们不能被未来的蓝图引入歧途，这一蓝图以乐观或悲观的表面知识欺骗我们，相反我们必须对自我所担当的责任有清醒的认识。"从这个角度理解杜威的"教育即生活"，指的就是当下的教育就是我们的一种生活。

"这一责任存在于每个人的日常生活中，存在于我们的冲动和感觉中，存在于我们生活的指南和与人交往中，也存在于所有大大小小的决定中，这些决定并不仅仅是为我们自己，而且也是为了事物本质的发展。同样，这一责任还在于我们对人的看法、对文化密码的再现以及人们所遵循的准则、人们所指向的最终目标中，我们实现自由的行动，对自由我们是有责任的。"

身为管理者，我们的任务绝不只是着眼于未来，更多的恐怕还是要着眼于师生和当下。因为当下才是实然的，才是方方面面人和事所需要的。所以，许多时候，我们要用自己的努力，让自己和师生共同感受到自己的成长——生命的、知识的，只有自己才是开拓者和创造者。因为"人的回归才是教育改革的真正条件"，只有我们将自己和师生当人看了，工作才可能有意义和成效。当然，这成效，不仅仅是学业的。

2.4　校长的"戒"与"畏"

2.4.1　学校管理,从不伤人开始

我在思考行为文化建设时,也时不时从反面来处理问题。比如,作为一名校长,怎样才能尽可能地少做教育的无用功,少做些反教育、伪教育的事情? 有人觉得,对一个富有经验的管理者而言,这还成问题吗? 我倒觉得,在今天的教育常态中,教育常识的缺位已经很久了,一个校长,知道自己的"戒"与"畏"是很重要的。

比如,广州在一天之内有三个孩子跳楼,我还在微信上看到南京市一个特级教师在女儿自杀以后写的一个自我反思。还有 2014 年的临川二中的事件,这个事情发生以后,无论是我们这些做教师的,还是媒体的舆论,都把矛头指向那位学生,很少从自身反思,我们作为教师在行为方式和教育的理念上存在的问题。我提出这样的问题,绝不是认同那个学生的暴力,只是希望我们能站在教育者的立场来反思自己身上的某些问题,以便改善我们的教育行为。

有一篇文章,谈中国教师的累。第一累就是没有学过管理的人,偏偏要做班主任。一个没有管理经验和知识的人要管理五十多个孩子,尤其对青年教师来说,确实是一件比较麻烦的事情。这是一种中国特色,世界上其他国家没有班主任,但在欧美有辅导员,而且辅导员往往不只一个人。在这些国家,对孩子的个别辅导往往是一对一的,最多也只是一对几,不会像我们国家,班主任一个人要面对五十几个孩子,这就难免会在班级管理中出现许多偏差。

上面所说的临川二中事件中孩子玩手机的情况,让我想起自己的经历来。我在做班主任的时候没有手机,但是从我开始做教导主任的时候已经有了,大概是到 90 年

代,学生都慢慢有手机了。我女儿是1998年开始上寄宿制初中的,到2001年离家上高中的时候,我也给她配了手机。但我在面对学生的时候,凡是发现学生有用手机的时候都要收缴,到放假的时候再让带回去。这其实是一个悖论:凭什么我的孩子可以带手机到学校里去,而我的学生就不能够带手机到学校里来?那个时候我没有这样的反思,更有甚者,当火气上来的时候,我还会将手机收过来给他砸碎了,然后他要叫我赔我也照赔,赔了,我还讲,下次带过来被我看到了,我还要砸。那是2003年到2004年期间的事情,再往后就发现,手机已经没办法收了。将心比心,孩子如果到寄宿的学校去上学,你会不会给他带手机?答案是肯定的。

我们现在要考虑的是什么?在大数据背景下,智能手机事实上已经是一个移动终端了,许多时候当我们遇到问题,不少人尤其是青年人,总是会打开手机百度一下,就能找到解决问题的办法。这样的方式是不是可以用到教育教学上来呢?当教室里没有网络终端的时候,智能手机不就是很好的网络终端吗?可是我们不会这样去想。一个高三的孩子,教师不仅没收了他的手机,还叫他的父母到学校里来,这有没有考虑这个孩子的尊严和人格。我们的问题是,一方面我们批判师道尊严,一方面又把自己的尊严看得很重。我们所说的话就是金口玉言,我们的要求就是正确的,作为学生一定要服从。这是我们每一个管理者和班主任的,甚至于每一个老师潜在的意识。提及临川二中的事件,我只是希望大家能从不同的角度去反思这个案例,避免类似恶性事件的发生。

我在实践行为文化建设的时候,常常用两个问题来提醒自己。第一个问题是我们何以伤人?第二个问题是我们如何不伤人,少伤人?可以很武断地讲,我们这些做老师的,做班主任的,做管理的,包括我这个曾经做过校长的,在我们的教育生涯中,不可避免地有伤害学生的现象,但是我们需要思考的问题是,如何在日常教育和管理过程当中,尽量地少伤人,我们必须努力朝着不伤人的方向去做。

美国人奥尔森写有一本书,叫《学校会伤人》。这本书的第一部分呈现了大量曾经在学校遭遇伤害的个体的访谈,将受访者遭遇的伤害做了一个归类。第二部分同样是对曾经在学校被伤害的个体的访谈，介绍了对被伤害者的疗救，包括他们的自救，以及他们在离开遭遇伤害的学校以后，在人生道路上，他们的老师、同伴怎么给他们治疗从而获得新生。还有许多曾经的被伤害者又是怎样成了某个领域的领军人才的。

回过头来想想，我们作为教师，如果连自己的孩子都教不好，家长凭什么放心把他的孩子交给我们？当然这个所谓的"好"，并不一定指考取清华北大，甚至也不一定要考取大学，而是让孩子能真正找到符合他一生志趣的东西。

我的女儿是复旦新闻系毕业的，但是我们夫妇俩从来没有教她一道数学题，我也从来没让她背过古诗文，更不要说《弟子规》之类的东西了，也没有替她改过一篇作文。我女儿上初中之前，几乎每天看电视都要看到节目结束。她跟我讲，高中三年，前两年半基本上就没有好好上课，为什么？她在所谓的"奥赛班"，要参加奥赛，高考只是在最后半年花了一点时间。中考也没有像其他孩子那样辛苦地迎考复习，而是在考前花了一周的时间突击复习了一下，考到了我们区最好的一所高中，考大学也是如此。用旁人的眼光来看，我女儿也是一个怪异的人，高中是上的理科班，大学却学的文科，现在是《财经》杂志的记者。我想说的是，"散养"也未必不能成才。

我们现在做行为文化建设，就是希望通过管理者的引领，慢慢构建出一个民主、平等、自由的教育新生态，让师生的生命彼此张扬，人生的境界得到提升。"棒拳出孝子，严师出高徒"的传统思维一直占据着国人的教育思维底层，其透射出的根本是传统教育中上对下的封建专制意识，即所谓"君要臣死，臣不得不死，父要子亡，子不得不亡"。

正是在这样的理念下，我们师生关系中本应有的教学相长的关系就这样简单地以拳脚相加代替了。管理者有时候不明就里，还自以为懂得教育，自以为"文化"不错，积极推动这样的师生关系建构，实际上做的是反教育的事。一个很明显的事实是，长期处于打骂教育下的孩子由于环境的影响不仅会形成表里不一，见人说人话，见鬼说鬼话等不良的人格品质，更有甚者，还有可能形成暴力倾向和报复心理，一旦机会成熟，这些不良品质和倾向就会爆发出来，造成不可估量的后果。

对此，校长难道可以视而不见吗？行为文化所面对的问题难道还是纸上谈兵吗？

我们肩上的任务其实很沉重。

2.4.2 校长最忌讳"教育浮躁症"

作为校长，一天会收到几封甚至几十封各类机构的"通知"和"邀请"，希望我们或学校派员参与形形色色的"观摩"、"研讨"、"交流"和"培训"。耐下性子来浏览一番，这些"通知"和"邀请"大抵少不了下面几个热门词语："旋风"、"奇迹"、"放大教育资源"。其实，这些热门词语在基础教育界的泛滥已经不是一朝一夕的事了，其间媒体的推波助澜可谓功不可没。同许多人一样，我也是一个比较喜欢新潮的人，但三十年的教育经历，听到、看到、体验到的折腾太多太多，于是我对一些热词总喜欢刨根问底，来一番评头品足，让自己学会保持冷静。

先来说说"旋风"吧，词典上是这么说的：旋风是打转转的空气涡旋，是由地面挟带灰尘向空中飞舞的涡旋，它是空气在流动中造成的一种自然现象。另外也可做动漫名词。《现代汉语词典》中的解释是：螺旋状运动的风。

"旋风"本意大概就是一个字"风"，多两个字就是"涡旋"、"螺旋"式的风。再多几个字就是"由地面挟带灰尘向空中飞舞的涡旋"了。至于说"另外也可做动漫名词"，百度百科是这样解释动漫的，"动漫是通过制作，使一些有或无生命的东西拟人化、夸张化，赋予其人类的一切感情、动作；或将架空的场景加以绘制，使其真实化"。

如此看来，用"旋风"来鼓吹某种教育"改革"、课堂模式也是煞费苦心。好的地方在于它明确地表明了某种改革如"风"，而且是涡旋式的，或者螺旋式的，具带起灰尘的效果。

但我们忘了，"旋风"来得快，去得也快。虽然在短时期内，"旋风"可能可以导致非常大的气势，但"旋风"一过，一切可能和平常一样。所以，面对一项教育改革，我们要警惕"旋风"般的气势会掩盖了实际的效果和教育最应该坚持的本质，不能盲目追求一时的热潮。

第二个热词是"奇迹"。

某某学校一旦稍稍改变原有的或者传统的风貌,我们就不吝溢美,赞其为"奇迹"。"奇迹"是什么? 奇迹是指"极难做到的、不同寻常的事情",如大家耳熟能详的世界七大奇迹。

能称之"奇迹",必然不是通常能够去想象和能够做到的事。而我们看到的教育"奇迹"是什么呢? 仅仅是借助某种手段(媒体称之谓"某某模式"),使某个学校在短时间内,学生中考、高考的分数得到明显的改观。

这样的"奇迹"是糟蹋"奇迹"一词本身,还是作者出于夺人眼球的写作目的呢? 或是想为某些学校和个人抬高身价张本呢?

我一直认为,教育有其内在的规律。教育是一个漫长的历程,不是短期膨胀的过程。同样,一所学校的发展更是一个漫长的文化积累的过程,学生的成长是一个漫长的文化浸润的过程,这里没有奇迹。

退一万步讲,即便有能称之为教育"奇迹"的,恐怕也应该是学校教育为学生未来的成长奠定了一定的基础,学生毕业后走上社会,他的发展超过了其他学校毕业的学生的发展。而不应该仅仅是一所学校短期内,中高考升学率的迅速上升。

还有一个热词是"放大资源"。

我们知道资源分为自然资源和社会资源两大类。显然,自然资源是不可能放大的。比方说矿产,只会越用越少。那么可以放大的也许就是马克思说的劳动力资源了。或者就是"包括人力资源、信息资源以及经过劳动创造的各种物质财富"了。但是人力还是有限度的,物质财富也是会慢慢被消耗的。我们如果不顾人的精力和物质财富的可消耗性,一味地强调放大是不是科学,是不是有违马克思主义的理论呢? 就是作为计算机系统中的硬件和软件的总称的"资源",也只能是"由操作系统进行系统的、有效的管理和调度,以提高计算机系统的工作效率"吧。计算机的使用超过了它的负荷,就会死机。这基本的常识难道我们不知道?

教育资源包括有形的资源和无形的资源。

先来说教育资产、教育费用等有形资源,对它的放大在某种程度上说其实就是"稀释"。全国各地放大资源的手段就是通过学校区域规划的调整整合,名校办教育集团,薄弱学校"关、停、并"。

有报道说:在全国范围内越来越多的希望小学沦为"摆设",被闲置下来。对此情况,希望工程的推进者、青基会秘书长涂猛表示,青基会所属的希望小学闲置率很低,归功于当初设定的希望小学建设门槛较高。目前闲置的主要是乡村希望小学,这缘于政策指导下的大规模合并。

一定区域内规划的调整整合的后果是学校日益向城区集中;名校办教育集团,必然摧毁那些规模较小的学校;薄弱学校的"关、停、并",会造成原有的大量的校舍设备等资源的浪费。中国教育就一直在这样一个怪圈里转悠:先全面布点,后是调整整合;然后又是再全面布点,现在又整合。将来如果实行小班化呢? 我们不总是在说要有前瞻性、预见性吗?

再说教育无形资源的放大,我们只理想化地看到"放大资源"有利的一面,却没有考虑到教育无形资源也有其特定的规律。

这里有一个"二八定律",也叫巴莱多定律。在任何一组东西中,优秀的只占其中一小部分,约 20%,其余 80%尽管是多数,却是平庸的,因此又称二八法则。"放大资源"能避免吗?

在学校越办越大的过程中,教师群体的建设往往被忽视,庞大的教师群体建设不是一个简单的问题,无论是时间上,还是空间上,成本都在增加。

同时,从科学管理的角度出发,人的精力是有限的。一个管理者的管理范围超出了一定的限度,就会出现许多盲点,管理信息在传导的过程中就会衰减和失真。管理的盲点多了,就会集聚许多暗流,如果暗流变成旋涡的话,这个团队就会散架。我们现在,动辄千亩土地,万人校园,带来的后果是什么? 就是校长不认识老师,学生不认识校长,甚至教师也不认识学生。校长不能跟每个教师面对面,学生不能跟教师面对面,这样的教育会带来什么样的后果? 这是值得我们深思的。

我们为什么追求资源的放大,为什么追求奇迹的发生,为什么动不动就刮旋风?

说到底，是在浮躁的社会风气下，教育者也变得浮躁起来，很少有人冷静地面对教育的基本规律。教育的基本规律是什么，大家多少有些了解，但究竟有多少人在恪守这个规律办教育？想想着实挺后怕的。

在这个热词辈出的时代，我们还是要清醒地认识到，教育是培养人的，培养人要有耐心，培养人需要有创造性，培养人是一个漫长的过程，是万万热闹不得的。

2.4.3　角逐"高效"的悖谬

有种现象很流行，即大家都喜欢学习所谓"先进地区"的"先进模式"，就连我们的"行为文化建设"也有人准备拿去照抄一番。为什么？其背后的原因不过是大家以为，这个时代的教育，就是一种"绩效主义"，是一种"效率崇拜"下的教育——"每种体制都必须向最高效的体制看齐"。其内在的逻辑是：人家这样做了，我不这样做，要是考不好，风险太大；反之，人家做了，我跟上，就算考不好，至少少了一条罪状。这样一想，我们就不难理解为什么那些着眼于考试成绩的"高效课堂"在今天会泛滥成灾了。

教育遭遇的舆论压力导致教育方向的改变；当下的教育官员也是一样的思维，即政府投入了，就要收到高效益的回报。由此可见，学校管理者的脆弱性。同时，教育的工业思维惯性，也表现为"完美的商业方法意味着用更少的精力获得更高的工作质量"。为什么我们会用抓 GDP 的方式抓升学率？源头就在于对效率的崇拜，或者说我们习惯了用经济效率来施政的思维模式。这样的管理方式在当下相当普遍，因为无知我们还以为这样的做法是非常正确的。举例来说，今天的重点学校星级评估，标准化学校建设、评估与验收，就是这种高效主义的产物。

芝加哥大学教育管理学院讲师富兰克林·鲍比特指出："这除了会使工人机械化、破坏思考与创造力，并最终大幅度降低工作效率之外，很难看出还有什么其他的结果。"从这个意义上说，教师的创造力就这样被扼杀了。今天，越来越多人将目光投向我们的行为文化建设，希望我们以一种草根的方式，创出一条新路来。在这条路上，我们最需要警醒和自省的，就是避免对效率的无止境追求，否则不过是换了一个马甲，在新瓶装旧酒而已。

毫不隐晦地说，时下的教育生态就是一个充斥着竞争、高效、卓越、最大化、最优化的环境。这与商业的所有元素几乎没有区别，而我们最大的错误和悲剧就在于教育与工商业之间的简单类比和复制。要打破今天因徒困境的局面，要从唯效率论英雄的思维定势中走出来，必须坚守学校管理或学校文化，不可能以大批量生产为基础，要获得真正的专业能力没有捷径可走的心理底线。

从现实的操作意义上看，我们要特别注意，要有足够的资金吸引和留住那些优秀的教师，给他们提供书籍和实验设备，最重要的是合理的教学工作量。当教育能回到个体生命，回到当下的情景，回到现实的经验，回到需要和反思时，行为文化的特质才能真正地展现在世人面前，她的价值才能有效地为大家所认可。对此，我们还有很长的一段路需要走。

2.4.4 不要让文牍淹没了学校

很多人都在抱怨一年中学校迎接的各类检查多如牛毛，对此，有人问行为文化怎么解决这个问题。我想起学者约瑟夫·泰罗在《教育与效率崇拜》中的话："一个教师成为能手之后，已学会了以他自己的方式来稳固其成果，校长和督学不该以强制的方式来提出些琐碎的指示。"

实际上，作为教育的管理者，督学、局长、校长，都"几乎无一例外地设计着复杂的教师工作定级计划"。因此，中小学教师不得不将大量的时间耗在职称评定、各级各类荣誉的申报评审之上。"这正如一位教育家指出的，教师多年来已经'温顺却心怀怨恨地'接受了定级。""部分原因是其职位没有保障，部分原因正是如杜威所言'年轻人中最温顺的大部分人就是长大后成为教师的那些人。'"当下的机制，教师虽没有被辞退之忧，不过，退出机制之说已经甚嚣尘上许久了；更何况，各种评审、考核、验收已经使得更多的校长、老师为了保住相对较高的收入而不得不屈从。所以，不管是做假账，还是配合表演，校长、教师们最终都是会配合的。

不可否认的是，也许各种评审、考核、验收也有其优点——如果能够得出相对真实的结论的话，"但更带来了悲剧性的后果，它不仅促成了学校管理的'专业'性质，使其在专业形成期便朝向商业和机制的方向发展，而且还导致了许多颇具才智的教育家被迫在琐事上浪费时间"。可以说，我们当下的种种评估、验收、检查、督导等的结果不仅如此，还使得学校上上下下在做假账上投机取巧。

悲观地看，我们现在的许多路子，其实就如20世纪前30年美国教育的历史那样，那些决策者们和管理者们认为应该利用档案和报告体现教育效率，反映教育成就。于是他们督促下属建立良好档案，并要求对收集的数据进行处理，并形成了一种管理模式。当下为应付种种验收、检查、督导而建立起来的"台账"与此如出一辙。但在这样的模式下，也难怪学校和校长们不厌其烦地，甚至是不择手段地编造各种各样堆积如山的档案，来证明自己的"业绩"和"效率"了。教师在应对各种评审时亦然。于是我们的学校和教师就这样陷入了文牍主义的境地。

不仅如此，学校管理者之所以这样做还有一个重要的原因是：要取悦于上级领导。同理，可以想象，教师也必然会以取悦于学校管理者来换取他们并不稳定的地位。从现实来说，社会崇尚什么，学校和校长们为了保住地位和饭碗，必然就放弃原则，迎合社会时尚，这是教育的悲哀，也是当下的生动写照。可以说，我们从将"效率"引进教育的一开始，就注定了这一场悲剧的命运。

在"目标制"和"达标检测制"下，教师的优劣将"高下立判"。可以说，今天教育中种种评估的实质就是分层、分等。学生面对的是详细频繁的测试，从中看到自己的"进步"与"不足"，以便为自己的升学和就业找到一个"合适"的定位；教师也会在详细频繁的测试和评审中"确切地"知道应该做什么，因为他们有着"已分配好的明确的任务"和具体的考评指标。

这些问题，行为文化建设都不能给予简单的回答，而要在实践中去思考和证明。

第三讲
教师与学校行为文化建设

3.1 好教师的几个特征

3.1.1 好教师总是充满激情的

要想成为一个好教师,前提应该是对教师这一职业充满热爱以及对教育这项神圣事业充满激情。有了这份热爱和激情,教师才能将所有的业余时间都用在研读教材、设计教案、苦练教学等基本功上;才有可能做到无论在哪所学校、教什么科目,都充满热情,充满希望;才能够全身心地投入到教育教学工作中,一路风尘,一路行走,一路收获,最终成为一名好教师。

激情是一位好教师不断追求的无穷动力。这激情主要表现为教师对教育事业的热爱,对教育、教学工作的热衷,还有就是对学生的爱心。好的教师始终是一种燃烧生命的状态,充满激情! 有时候,这种教育的激情比教育的能力更重要。

当有了饱满的激情时,教师才能够在充分把握教材和教学目标的基础上,根据学生的需要,采取有效的教育教学方法,从而使自己的教育教学达到最佳化或者说最优化。所谓的最佳化和最优化,其实就是一种最贴近学生心灵需要的、最贴近文本和教育价值趋向的境界。如果一个教师没有对教育事业的这种激情,他就不可能心无旁骛地去研究他的教育对象——学生的心理、需求、生活的背景;也不可能去全身心地研究教育教学的基本规律,探讨有效的教育教学方法;也就不可能全身心地去研究教材,研究要达成的教学目标,研究实现教学目标的突破点以及教学的方法和技巧;也就不可能研究学生对具体的教材学习所存在的具体困难。

同样,能不能做好我们所从事的工作,还取决于自身的修养和对事业的责任心。现实中,我们更多的是将教育教学工作当做一种谋生的工具,这本没有错,错的是不少情况下,有一些同行只看两本书——教科书和参考书,只以一种教科书式、教参式为主的解构文本的方式去面对课堂,甚至没有教参就不能教书。所以我有个担忧:一些教师教着教着,会把自己教成了学生水平。现实中还真有人把自己教成了学生水平,有个别"好教师"在某一科目上也只是相当于一些优秀的中学生水平。学校行为文化建设的一个重要任务,就是要改变教师的心态,进而改变他们的行为。

有的教师,已经教了十几年、二十几年的书了,可他总是说"对这些学生,我已经无能为力了"。如果一位教师教书已经有十几二十年,对学生还觉得无能为力,严格说来就是不合格。做教师既要有一定的修养,还要有事业心。

要成为好教师,首先要多读书。我跟教师交流,最喜欢引用四句话:"工作再忙也要读书,收入再少也要买书,住处再挤也要藏书,交情再浅也要送书。"大家都非常信服这四句话。我们学校给领导层发管理学方面的书,给教师的奖励也是书。为使读书成为教师生活的一部分,我们还成立了"青年教师读书会",不定期地开展读书心得交流活动。

其次要学会学习。我经常跟我们学校的教师讲,不要认为在单位只有发奖金是福利,发书也是,而且是非常大的一个福利。因为阅读会使一个人的心胸变得开阔,眼界变得高远,情趣变得优雅。我还在我供职的学校,成立了"青年教师专业发展沙龙",请了许多专家来进行专业引领,并把我们的教师带出去参观、培训。著名语文教育家孙绍振教授,教育学者张文质,教育专家、国家督学成尚荣,广州第二师范学院的许锡良副教授,以及近20人次的特级教师,都被我们一一邀请来校讲学。周边的名校都是我们"取经寻宝"的目标。"全国初中语文新课程名师精品课观摩"、华东师大"两岸四地中小学校长高级研修班"和语数外等科目的骨干教师培训,我们一一派送教师参加。通过学习,很多教师都有了"惊异于天地之广阔"的感慨,对自己的学和自己的事业,有了新的认识和认同。这其实是教师走向好教师的关键一步。

我还以为,好教师要有执著的教育追求。要视教育为事业,视教育为希望,视教育为理想,视教育为信念,视教育为生命,而不仅仅是把教师的职业当做谋生的手段、谋名的台阶、谋利的渠道、谋权的踏板。要像张思明那样用心去营造局部的晴天,要像窦桂梅那样执著地为学生的生命奠基,要像霍懋征那样用满腔的爱心去唤醒、呵护、雕塑学生的爱心。

视教育为事业的前提是必须把课上好。我认为,无论是特级教师,还是人民教育家,首先要把课上好。一个课都上不好的教师,他哪怕有特级教师的头衔,或是人民教育家的光环,说到底都是空的。要成为优秀教师,或者成为一个所谓的好教师,如果自己所任教的学科都教不好,不管头上的光环多么炫目,说到底还是一句空话。

现实生活中往往有这样的情况,当一位教师评到了特级教师,或者得到了其他的荣誉,他就离开了教学实际,或者尽管还在从事教育教学实际工作,却不再阅读,不再写作,甚至不再用心教学了。这其实就不能算是一名好教师了,也就是说他这个所谓的特级教师、名师,跟他的实际是不相符的。反过来讲,一个普通教师哪怕没有这些荣誉,但是能把课上好,他就具备了好教师的基本特点。

视教育为事业,还必须树立一个清晰的或者说明确的追求。也就是说,要使自己成为家长放心、社会满意、同行认可、学生敬仰的,能够给学生提供帮助的重要他人。换句话说,就是要努力成为学生生命成长当中的重要他人。这就要求教师对自己的职业生涯有所规划。要成为好教师,必须有一个长远的目标,必须朝着教育家或者社会公认的名师的目标去努力。这里所谓的名师,不仅仅是指教学业务过硬,还应该要有一定思想境界,成为不为名利所诱惑、不畏困难的有理想、有追求和充满社会责任感的人。在这个基础上,还要有一个个的近期目标,因为长远的目标依赖于一个个具体的近期目标的实现。有了一个个近期的目标,长远的目标才有希望达到。如果没有眼前的具体目标,成为好教师、成为名师就是一种空想,或者说是一种幻想。

3.1.2 好教师的课堂一定是灵动与沉稳的

课堂是教师价值追求和职业理想得以实现的主要场所。对于一位好教师来说,课堂教学成败如何,关键在于能否处理好课堂中"预设"和"生成"的关系。

好教师心里一定明白,任何课堂都不可能完全按照预设来运作,常会生成一些意料之外的、有意义或无意义的、重要或不重要的新信息、新情境、新思维和新方法。好教师要能够及时捕捉课堂上这些瞬间,给学生以引领和帮助。

　　许多教师的课堂存在这样一个共同的问题:教师总是很有耐心地循循善诱,甚至是千方百计地要把学生引导到课前设计好的流程上去,引导到设计好的答案上去。严格说来,这并不是互动,仍然是单向的传输。课堂教学本来就是千变万化的,是一个充满活力的生命与生命之间的互动,处处蕴含着矛盾与碰撞:师生之间的、同学之间的、师生与文本之间的、文本与现实生活之间的……而这些矛盾与碰撞,往往就是生成创意的火花和引子!

　　遗憾的是,有些教师往往对这些火花和引子视而不见,甚至毫无感觉,原因在于缺乏独特的感受力和敏锐的洞察力。也就是缺乏灵动性,如果是这样,教师就不可能捕捉到课堂上矛盾与碰撞之中的灵光　现的美好瞬间,也很难在矛盾与碰撞中感受到生命的涌动和人性的回归,更无从实施"三个关注"的课堂。

　　所谓的"灵动",就是我们以前教育理论上讲的教育机智,我的理解就是教师的"课感",也就是教师驾驭课堂的灵感。教师有了这种"灵动",才能够迅速发现、捕捉那些对课堂教学有帮助和有推动作用的瞬间,也才能够及时消解那些不利于教学、不利于课堂生成的负面因素。

　　比如,课堂上突然有麻雀飞进了教室,怎么办? 一是把它赶出去,二是不闻不问,再有就是相机引导,跟课堂教学结合起来。前两种情况没有及时消解不利因素,而"相机引导"就具有课堂的灵感,能将一些预料之外的情况为我所用。我有个教学观点:遇物则诲,相机而教。

　　教学不存在一个"以不变应万变"的灵丹妙药,由于时间、场景在变化,教育的"变数"是永恒的。既然"变"是永恒的,"不变"是不可能的,所以教师要灵动、善变。在另一方面,教师也要沉稳。所谓沉稳就是不能浮躁,现在的课堂教学当中有一种很不好的现象,尤其是低年级,动不动就表扬学生:"你真聪明!""你怎么会想到这个问题的?"

等等，这其实是一种浮躁。

现实的情况是，有些教师当学生在思考、回答问题、完成练习、与教师的互动当中，出现了思维、语言、表达有"顿滞"、阻塞的时候，就会拉下脸来说："这个我都讲了多少遍了，你还不会！"

要想成为一名好教师，一定要克服这种浮躁的心态，回归教育的本真。教育不仅仅是考试和升学，更要使人成为人。在学生"成人"的过程中，不仅仅需要知识，还需要许许多多其他的东西，比如适应生活、独立生活、改善生活、提高生活质量的意识和能力。如果从"今天第二"的理念上来说，还应当"拓展生命的厚度"。教育的作用就是帮助学生丰富生命的色彩，用教师的生命润泽学生的生命，再让学生的生命反过来成就教师的生命。这当中，师生之间的作用是相互的，绝非单向的。

强调教师要"灵动"的同时，还要讲究沉稳。比如课堂上，教师一方面要及时发现和催生有利于学生有效生成的火花，另一方面要明白廉价的表扬不利于学生成人，同样动不动就棒喝，也是不可取的。换句话讲，好教师的沉稳表现在，当他表扬或批评时能够把握一个度。

好老师要达到"得意忘形"的境界。教学有法，但无定法。这个"法"只是一个基本的框架、基本的教学环节。教学没有一个放之四海而皆准的模式，因为不同的教师、不同的学生、不同的年龄段，以及当时的课堂状态都是不一样的。如果教师用一个统一的"模式"去教学生，就会变得很机械、很教条，就容易被这个"模式"牵着鼻子走，与我提倡的课堂生成、师生互动、生本互动、生生互动，形成一种冲突，不利于达成我们提倡的"三个关注的课堂"。

将某种模式看成是"灵丹妙药"，是一件很荒谬的事情。有许多学校都规定，一堂课教师只讲15分钟，其他时间都要给学生去练习，去探究。更有甚者，有的学校还以此来衡量一堂课是不是好课。这种现象蔓延开来不是一件好事情，不利于教师成为好教师。

我们都知道，每个人都是独一无二的，"世上没有两片完全相同的树叶"。那么，为什么我们非要往人家的模式里钻呢？作为一名好教师，如果没有自己的个性和风格，能好在哪里呢？课堂其实就是师生的一种生命的相遇、一种生命的润泽。在这个过程中，通过思想的碰撞、语言的交流给对方以启迪和帮助。学生在这种帮助中，认识渐渐提高了，学养渐渐丰富了，生命也就渐渐丰厚了；随着学生生命的丰厚，教师个人的生命也变得丰厚，对课堂、教学的认识也会随之发生变化，而不是死板地重复教案和原有的模式。好教师应该是摆脱某种模式束缚的人。

好教师应当根据自己固有的知识、能力、水平、特长，来逐渐形成自己的教学风格。我强调的"风格"是好教师身上固有的特征，是一种更宏观层面上的专业追求。而现在盛行的建构"模式"之风，往往是微观的。微观到一个环节到另一个环节的过渡，连用什么词都有明确的要求。这样的教育、这样的课堂是可怕的，这样的教师是难以成为真正意义上的好教师的。

3.1.3　好教师必须有良好的心态

从现实来看，好教师要成为一种"范本"，他必须有良好的心态，要做到宠辱不惊。比如现在教师绩效工资里有 30％ 是作为奖励型工资，既然是奖励型工资，它就有多有少，涉及到考核、评估等方面。但教育方面的考核和评估有相当大的难度，很难让每一个人满意。这种情况下教师必须有良好的心态，凭着一个教育者的事业心、责任心，或通俗地讲，凭着教育工作者的良心，做好我们的本职工作，而不是成天想"我这么辛苦，我的付出与我的收入是不均等的"。

一位好教师，他的付出和收获是不可能用金钱来衡量的。好教师最好的收获应是他的教育理念、追求，他的日常教育工作得到认可，他的理想得以实现。具体来说，学生在他的引领下能够成才，能够报效父母，报效社会，这才是他最大的收获。如果仅仅是为了金钱，那就不可能让一位教师成为一个好教师。好教师必须开开心心、认认真真地活在这个世上；过分关注金钱会影响个人的生命质量，不利于个体的专业成长。有些教师尽管教学水平、教学技能很好，但是喜欢抱怨。抱怨同事、抱怨领导、抱怨社会等,须知抱怨无法改变现状。我一直认为,所谓的好教师有三个层面的标准:一个是通过一级一级评选得出的,一个是同行认可的,一个是学生和家长心目中的。前两个层面固然重要,但是要达到第三个层面,更重要也更困难。

我想,要成为学生和家长心目中的好教师,就要做到无论身处何方,无论面对什么事情,都要心系教育,不以物喜,不以己悲。也就是说,你不管在大校、小校、名校、非名校,城区、乡村,顺境、逆境,都要守住本分,那样才可能成为好教师。你如果真是一位好教师,还需要担心会不受欢迎吗?

不管学校如何发展,外界有何种舆论,人品和心态总是第一位的。一位好教师,走进课堂你要充满阳光,在学生面前千万不能发泄对社会、对学校、对领导的不满。要记住,你的言行,会影响你在学生心目中的地位。遇到个人利益得不到满足的时候,更不能采取过激的行动,切不可忘了教师的身份。

3.2　做教师一定要有一种范本意识

3.2.1　学校行为文化建设下教师的范本意义

什么是教师的范本意识？社会公众普遍对教师这一职业有高于其他职业的要求，同时由于教师所面对的学生自主选择的能力不强，教师就必须要有示范性。好教师是亦师亦母，既有教育的职责，也有养育的职责，教师要成为孩子的范本。另外，从孩子的成长角度而言，他们既要求知，又要做人，这也需要教师有范本意识。

中小学时期是孩子成长中的关键期，遇见好教师是其一生的幸运，否则就可能是其人生的不幸。因为孩子经常是通过模仿、吸收教师的价值观，来形成自己的价值观。对好教师而言，一定要树立一种范本意识。所谓的范本，就是可以作为借鉴的心灵的标杆、知识的尺度、精神的境界。简单地说，好教师要让学生对其产生知识的折服、道德的肯定、情感的依恋、精神的敬仰。所有这些，不是通过检查备课笔记、听课记录、考试成绩进行考核的。这种考核不易操作，但教师不能因为难考核就放松对自己的要求——好教师不是为考核而工作的。

我们的言行举止处处都应该成为学生的范本。光靠暴躁的脾气、粗暴的言语或行动，有的时候可能也会产生效果，但是依赖于这种粗暴的言行的教育，是会"种瓜得瓜，种豆得豆"的，最终教师得到的会是学生粗暴的回应。教师首先要理解学生，然后用社会约定的行为规范，用学校的制度，用国家的法律法规，摆事实讲道理，通过一些案例让学生明白自己的言行举止，会给自己未来的发展产生什么样的影响。这样的话，我想学生才可能接受这种教育行为。

教师的身份和家长的身份是有区别的。教师这个职业要求教师必须用职业操守来要求自己,用职业伦理约束自己要在自己的日常工作过程当中渐渐改变自己的行为方式,慢慢地成为一个有涵养的人。

教师怎样才能做好范本?首先,我想谈谈我们的管理。学校管理有三重境界,即制度管理、科学管理和文化管理,严格意义上来讲,这还不是学校管理的境界,这只是管理的方式和管理的思想。境界是什么?哲学家冯友兰在《新原人》一书中曾说,"人与其他动物的不同,在于人做某事时,他了解他在做什么,并且自觉地在做。正是这种见解,使他正在做的事对于他有了意义。他做各种事有各种意义,各种意义合成一个整体,就构成他的人生境界"。不同的人可能做相同的事,但是各人的理解程度不同,所做的事对于他们也就有了不同的意义。因此,每个人都有自己的人生境界,与其他任何人都不会完全相同。若是不管这些个人的差异,我们可以把各种不同的人生境界划分为四个等级,它们分别是:自然境界、功利境界、道德境界、天地境界。

我觉得管理从行为方式上看有如下三重境界:第一重境界叫恪守底线。学校的每项工作都应该有一个基本的要求,学校各个部门需要梳理出自己的基本工作要求,条目也不要多,最多20条,但这20条基本工作是必须时时刻刻、人人都要做到的。同时还要制定一个基本固定的时间段,如开学初、期中、结束时,每个部门有哪些常规的工作。比如说教务处,需要考虑集体备课的要求;听课、评课或者说观课,议课要做到什么程度;课堂教学有哪些行为规范等等。要求不要高,但一定要做到,这个就是第一个境界。如果人人都能恪守底线了,整个学校的工作就会有起色。

第二重境界就是人人有追赶榜样的意识和动力。就具体学科来说,备课组里有中坚力量,也有榜样,榜样的作用能够发挥的,一定要努力发挥。以此类推,学校的各个部门、各个方面都可以评出一些榜样来,甚至可以给他们写事迹,写报道宣传,请他们介绍经验,与大家交流。如果人人都有追求榜样的意识,工作不可能做不好。即便是一项工作就是三个人在做,也可以有榜样,有了榜样,才有上进的动力。当然,榜样应该是变化的。

第三重境界是我们的一种渴求,即我经常谈的文化自觉。这种情况下,人人都自觉自愿想方设法地改善自己的工作，改进自己的处事方式，以良好的心态、包容的姿态、谦卑之心来对待同事、领导、学生，尤其是用一种努力进取的心态来对待我们的工作。假如人人都形成这样一种自觉的话，一个单位将是不可战胜的。

这些就是我们作为管理者应该认真思考的三重境界。

3.2.2　实现教师的"文化自觉"

所谓"文化自觉"，我国著名社会学家费孝通先生的观点是：它指生活在一定文化历史圈子的人对其文化有自知之明，并对其发展历程和未来有充分的认识。换言之，文化自觉是文化的自我觉醒、自我反省、自我创建。教师作为文明与文化的传承者、传播者，其文化自觉表现在哪里呢？

我认为第一是要有自觉的教育理想。有对教育目标、教育手段、教育形式、教育过程、教育成果的追求。

第二是对教育传统的自觉甄别与选择。教育传统既不可丢弃，也不可全盘接受，它需要我们站在时代的高度去甄别，有选择地继承和发扬。

第三是要有自觉的规则意识。一所学校，在它的办学历程中必然会累积出方方面面的制度与规范，尽管这些制度和规范未必完善，但是需要大家共同遵守，比如对他人的尊重，对工作的态度，对教学的认识等等。在执行的过程中发现不足，必须进一步完善或者废弃。但在没有完善和废弃的情况下，重要的是自觉地执行，否则，对师生的影响必然是恶劣的。

第四是要自觉完成任务。每个人都有自己的工作任务和工作职责。作为教育工作者，一旦接受了工作，就要自觉地去完成它，一个连工作任务都完成不了的人，何谈其他呢？

第五是要自觉成为范本。教师工作是面对人的，我们的一言一行一定要努力成为学生的范本，而管理者，则应该成为教工的范本。上有所行，下必效之。教师的言行是随便不得的,尤其是在学生面前。

第六是要自觉地开拓更新,或者说是反思。教育工作最大的特点是教师的个人劳动,同样的学科、同样的教材、同样的班级、同样的学生,不同的教师为什么有不一样的教育效果? 除了个人的固有素质存在差别以外,恐怕更重要的在于我们能不能自觉地更新自己,这更新需要勇气,更需要面对现实的态度。就如琼·温克所说的,作为具有批判意识的老师,他所了解事物的方式,一定是来自于当教师之后的生活、学习和教书经历。因为只有当我们"能用批判的眼光来反思自己的理论和实践时"才可能"更好地理解你自己的视角"。

要达成教师的文化自觉,作为管理者,如何引领,就成了最先需要思考和解决的问题。比如,通过专家引领,以春雨润物般的方式改变了教师的行为可能,就是一条路。我们知道,一所学校的发展抓手很多,不同的时段,不同的校长有不同的突破口,当我调任二甲中学之后,想到的是文化,想到的是倚靠专家的引领,这就是我请许多专家学者来二甲中学的一个初衷。

有些时候,号召和硬性规定会引起师生的反感,失去效果。但通过专家引领,效果就大不一样。比如:南通大学创新教育专家王灿明、心理学专家姜永杰等人被请进了学校对班主任进行培训,使老师们茅塞顿开。张文质先生在与学校的班主任进行对话时,给班主任们出谋划策,教师们学到了很多符合学生生命需求的教育方式。

南通教科研中心主任陈杰、原通州市教科室副主任陈有明、通州中学陈颖等人以其言传身教开阔了教师的眼界,引领了他们的生活方式,使他们学会了"过一种幸福完整的教育生活"。特别是陈有明先生做了关于怎样读书的报告后,教职员工获益颇深,在校园内掀起了一股读书之风。

尤其是青年教师读书会提升了学校教师文化行为。渐渐地,学校营造出了浓郁的学习氛围,每一个教师都是受益者,造就了一支理念先进、业务娴熟、事业心强的教师队伍。王灿明院长、蒋永杰教授,从晓、葛淑芬等兄弟学校的班主任给学校班主任培训,使班主任管理技能既有理论支撑,又有实践传授。

二甲中学年轻教师居多,学校向来对年轻教师给予厚望,称之为"小团体,可以星星点火"。他们也是学校邀请专家、学者、特级教师来校讲学受益最深之人。每逢有专家到来,学校千方百计地安排他们指导年轻教师的课。凡有专家来讲学,我们还会安排他们与教师对话、进课堂听课,对年轻教师课堂教学给予针对性的指导。同时,学校安排许多年轻教师和专家对话、共餐以及为专家录像与整理资料,耳濡目染中,也锤炼了他们的思想,增强了他们的能力。

3.2.3　教学,应该是一件很好玩的事

以语文教学为例,语文课本该是所有的学科课程当中最好玩的一门课程,语文老师同样应该是个好玩的人,老师要变得好玩,就要不断地阅读,通过阅读使自己变得丰满一些,变得善于思考、善于反思、善于批判与舍弃,使表达变得通俗　些、有趣　些、幽默一些、好玩一些。

好的教学是在具体的情境中发生的

有一回某地中学语文同仁让我去给他们上一节研讨课,同他们一起聊聊语文。我想借班上课,总有一些表演的成分,没有表演几乎是不可能的,但是如何让表演真实一些,好玩一些,则是我每每要用心思考的问题。

借班上课,老师在跟学生互动的时候,热身的时候花的时间往往要比在自己的班级要多。因为师生之间不熟悉会影响沟通,还因这课是有表演成分的,要表演得好,不能演砸了。为了不演砸了,我给他们八年级的学生选择了安徒生的童话《老头子做事总是对的》,我原本的设计是,教材事先不发,穿一身老头子的服饰,走上来在黑板上板书"老头子做事"几个字让学生猜一猜,这后面可以填上哪几个字使句子完整起来,在大家七嘴八舌之后再将教材发下去,看看哪几位同学猜到了,然后一起来研究一下,今天这老头子会怎样跟大家一起来研究语文课。我觉得这一定是很好玩的。但人算不

如天算,他们的语文老师看到教材,心想:这么长的课文,不预习,一节课怎么上? 于是在学生走进课堂前几分钟,将教材发给学生了,同时要求学生好好将课文读一遍。

遇到这样的情况,你还怎么玩? 这就需要教师的智慧。于是,我就在黑板上写下自己的名字,同时请他们将自己做的席卡放在学桌上,相互认识一下。并问了同学们这样一个问题:同学们走进课堂,看到我这个小老头有什么感觉? 有同学说,感觉穿得比较特殊,有同学说穿得比较好玩。于是我又问,想不想知道,今天这小老头,会跟我们怎样来上《老头子做事总是对的》? 同学们都说,想。

我就给他们说了我原来的设计,并告诉他们现在这把戏没办法玩了。只好请大家抓紧将课文看一遍,并用简洁的语言概括一下,这则童话,主要写了一件什么事情。在同学们自己阅读教材的时候,我就边巡视边思考,这一课,怎么跟这班孩子玩呢? 巡视的时候,我惊喜地发现,有几位同学在教材上,写下了"马""牛""羊""鹅""鸡""苹果"等词语,于是我就决定这一课,就跟同学们一起来玩"思维导图",指导学生通过画"思维导图"来阅读课文,掌握一种新的学习方法。

好玩的课堂,是会打破常规思维的。比如我同学生研究《变色龙》这篇课文,就不会按照常规思维来组织教学活动。我会让学生谈谈变色龙是一种什么样的动物,它为什么会有这样的生物特征? 会同学生讨论奥楚蔑洛夫为什么会一变再变? 如果那条狗真是将军家的,他将它打死了,会有怎样的后果? 我会让学生比较阅读《一个小公务员之死》,让学生体会在小公务员伊凡·德米特利奇·切尔维亚科夫与警官奥楚蔑洛夫身上有怎样的共同点? 如果你是警官,遇到这样的情况,你会怎样处置? 我可能还会要求学生去读《套中人》以及契科夫其他的关于小人物的小说,去研究作者为什么会去写这些小人物。进而让学生明白,人物分析不仅要放在小说具体的情节中,还要放在故事发生的特定的社会情境中。

今天谈教学,我们都很重视教学的情景,尤其重视情境的设计。但是,我们很少会认识到,设计的情境往往是会出问题的。遇到意外情况如何应对,这需要教师用智慧。当精心设定的导入因当下的情况变化而无法实施的时候,我们是不是应该想想,情境究竟是当下的,还是设定的。如果,我们还是按着设定来玩,还玩得下去吗?

"好"老师,是会在文本中找到独特的乐趣的

我在准备《老头子做事总是对的》教学时,发现教材本身并不深奥,道理也很明白,但写得很有趣,我在阅读教材的时候,提出了许多有趣的问题,比如,这对老人生活在穷苦的乡下,唯一的财产就是一匹漂亮的骏马,为了解决温饱问题,老头子牵着他的马去集市上换些对他们更有用的东西。那匹马就是他们唯一的财产了,这老婆子与老头子一起生活了这么多年,老头子会干出什么样的蠢事来,老婆子知道不知道?如果知道,那么她还让他牵出去换些生活用品,为什么要这样做?老头子换回一袋子烂苹果,老婆子居然还很开心,又是为什么?如果老头子与两个英国人的打赌输了,他们还会那么乐观吗?

再比如说,老头子外出前,有这样一节很短的文字:"她替他裹好围巾,她把它打成一个双蝴蝶结,然后她用她的手掌心把他的帽子擦了几下,同时在他温暖的嘴上来了一个吻。"为什么要有这么一系列的动作描写?下面的叙述更好玩,老头子原本只是想到集市上去走走,光是看看,他有没有想到会发生下面的这些事情?还说老头子一路走下来很快,看看,一路上发生了这么多事情,快得起来吗?

老头子拿着一袋烂苹果回家了,他告诉老婆子:"我用马换了一头母牛!"老婆子兴奋地说:"真是多谢上帝,我们有牛奶了!"老婆子说道:"这下子我们有奶品吃了,桌上有黄油、干酪啦。换得太好了!"老头子又说:"是的,不过我又用母牛换了一只羊!"老婆子居然这样夸老头子:"你总是考虑得很周到;我们的草足够一头羊吃的。这下子我们可以喝羊奶,有羊奶酪,有羊毛袜子,是啊,还有羊毛睡衣!母牛是拿不出这些来的!它的毛都要脱掉的!你真是一个考虑问题周到的丈夫!"可事实上,老婆子什么也没看到,看到的就是老头子和那一袋烂苹果。老婆子是不是同老头子一样傻呢?

这些都是这个文本中好玩、有趣的地方。

《老头子做事总是对的》另外还有一个文本翻译为《老头子做事总不会错的》。这

两个标题,两种不同的语气,是"总是对的"好,还是"总不会错的"好呢? 是不是可以引导同学讨论一下?

这些,我们在教参或是网络上是找不到的。只有我们带着一个好玩的心态去阅读的时候,才能找出文本中这些有趣的好玩的地方来。我一直以为,语文教师的阅读教学,在某种程度上说,就是一个与学生分享自己阅读体验的过程。让学生在我们的阅读体验中慢慢地学会体验,在自己的体验中学会阅读。所以我拿到一个文本的时候,总是会想这"文本最精彩的段落、句子、词语在哪里"? 当然,每个人的生活体验不一样,所理解的"精彩"也是不一样的。我强调要读出自我,因为每个人对具体的文本的感觉是不一样的,因为每个人的生存环境、生活状态、人生经历是不一样的,每个人的人生感慨自然也就不一样,不同的人对一样的文本,关注点自然不一样。所谓读出自我,并不是要我们将文本中的人物、意象变成自己和自己所处的那个环境和意象,而是在阅读中从这个人物和这个意象中联想到我们的人生经验和体验,或者曾经读过的、看过的、听过的,而未必就是我们自己直接的经验。

印刷术和网络的发达使我们有了大量的教学资料,百度一下就能找到人家的分析文本、教案、PPT,甚至微课资源,于是,我们这些老师慢慢地弱化了解读文本的智能和热情。人与人的智能原本是没有多大差异的,差就差在心态上,一个人如果总是以一种好玩的心态对待自己的教学,他就总是会尽可能多地了解教材,了解学生,了解生活,只有这样才可能慢慢地了解课堂,了解教学。

好玩的老师,是有强劲的学力的

课堂教学中,教师要适度地在学生面前展现自己的才华,学生喜欢有本事的老师,喜欢好玩的老师,所以凡是学生会玩的,教师应该也会玩。这样才可以缩短与学生们的距离,不能总以为学生不如我们。时代不同了,现在学生是网络世界的能手,是科技发展的原动力,教师为了缩小距离,就必须去了解并掌握新技术、新玩法。课堂上我们要不断地给学生提供新的玩法。要提供新的玩法,就要求教师要不断地吸纳,没有丰富的吸纳，就不可能有新的产出。

一个人好玩不好玩，有基因的问题，更有一个善不善于学习的问题。当下教育专家辈出，流派纷呈，原本是一件很好的事，但这样的局面对生活在学生中、课堂上的教师而言，难免眼花缭乱，不知所从。如何在这样一个纷繁的教育生态中不失初心，不致迷茫，唯一的路径就是阅读和学习。我始终认为，阅读是同智者对话，与名师对话的最佳途径。遗憾的是我们总是因为这样那样的原因，更确切地说是借口，而"没有时间"阅读和学习，因而我们的课堂也就变得越来越没有乐趣。

一个好玩的老师是会跳出学科看学科，跳出教育看教育的。尤其是语文老师，应该是杂家，应该是通才，应该是学生仰慕的"学者"——学习者。我年近花甲，不仅有博客，有微博，有微信，有个人的网站，还有自己的手机APP。今天，我们的学生都是网络原住民，我们充其量也就是一移民。如何融入他们的生活？如何用我们的生命影响他们的生命？唯有阅读和学习。

这些年来，我不仅读文学、教育学、心理学，我还读批判教育学、脑神经科学、经济学、社会学、人类学、哲学等著作，写下了几十万字的读书笔记。当我意识到"高效课堂"，"教学模式化"以及这教育、那教学花样辈出可能会给基础教育带来不可估量的危害的时候，我就有意识地从教育学、心理学、批判教育学、脑神经科学、经济学、社会学、人类学、哲学理论中去找原因，寻找批判与建设的工具，写下了一篇又一篇关于这类现象的思考的文字。为了搞清楚小组学习的有关问题，我不仅读杜威、读佐藤学，我还读了《大连接》《人人时代》等，努力从社会网络的形成以及它对人类、对教学的影响中去寻找根据。

当慕课、微课、翻转课堂这些概念和技术出现在我们的视野中，我就去学习研究这些概念和技术，这两年，我几乎将国内出版的关于大数据的权威书籍都翻了个遍，对大数据背景下我们如何做教师做了一些思考和探索，至少当人们谈起慕课、微课、翻转课堂、大数据，我不会觉得自己一无所知。

我觉得美国伯尼特里林和查尔斯·菲德尔在《21世纪技能》这本书中说得很有道

理:"近几十年里,我们生活的世界一直在发生巨变——先进的技术与交流手段、迅猛的经济发展与激烈的竞争、翻天覆地的变化、从金融到全球变暖等日益加剧的全球挑战。如果我们的学校教育仍然保持不变,那我们该如何应付未来世纪的挑战?"作为教师,在信息技术快速发展的时代,我们如何学习,以及我们如何教会学生学习已经是每一个教师不得不思考的问题。

在大数据背景下,我们的学生获得知识的途径发生了很大的变化。移动终端大量的普遍的使用,学生获取知识的地点和方式早已经发生了变化。作为教师,如果我们跟不上时代的步伐,依然用上个世纪的知识和技术来同 21 世纪的学生来玩,能玩出什么花样来呢?

如果我们想成为为学生的未来人生提供帮助的重要他人,我们首先就得成为一个不断学习的人,一个具有强劲学力的学习者,这样,我们才可能成为一个真正好玩的人,我们的课堂才有可能变得好玩起来。

当一个老师一旦成为一个好玩的人的时候,他的课堂才可能是好玩而有趣的,他也就有可能成为我们所期望的好教师了。

3.2.4 大数据时代我们如何做教师

 我们今天的尴尬在哪里?

大数据(big data),或称巨量资料,一般的解释是指所涉及的资料量规模巨大到无法通过目前主流软件工具,在合理时间内达到撷取、管理、处理并整理成为帮助企业经营决策等目的的资讯。在维克托·迈尔-舍恩伯格及肯尼斯·库克耶编写的《大数据时代》中,大数据指不用随机分析法(抽样调查)这样的捷径,而采用所有数据的方法。大数据的 4V 特点是:Volume(大量)、Velocity(高速)、Variety(多样)、Veracity(真实性)。

随着大数据时代出现,有人曾这样预言,MOOC、微课、翻转课堂等基于网络的教学形式的出现,我们这些中小学教师弄不好是会下岗的。这是不是危言耸听呢?

对此,我们不要急于给出答案。我想说的是,当下这个"大数据"环境,究竟会给我们中小学教师带来怎样的影响?在这样的背景下,我们又将如何应对?一言以蔽之,"大数据"背景下的教育,我们准备好了吗?

有人说,我们今天不在网上就在上网的路上,可是学校却明确规定学校不许有WiFi,不准上网,不得用笔记本、电脑和手机。这就是今天我们遭遇的尴尬之一:大数据时代的今天,我们的学校管理还处在农耕时代,甚至原始社会。在今天,道路上、公交车上、火车上、站台边、饭桌上、会议中、卧榻间……已经很难看到不在玩手机的人了。人们早已经被手机——更为准确地说是网络给绑架了。

前些年,郑州就有报道,小学生在网上搜索寒假作业答案。熟悉网络的老师们或许知道有一个网站叫"作业宝",还有一个网站叫"问他",这都是替中小学生解答作业的。有条件、又有想法的学生在今天完成家庭作业时,再也不会像过去那样冥思苦想了,他们可以找"度娘",可以问"搜狗",可以上"作业宝",可以去"问他"……而我们还在不厌其烦地检查他们的作业本,要求学生家长给作业签字,岂不可笑?当我们一旦发现学生作业的答案是从网上搜索来的时候,还恼羞成怒:这不是抄作业吗?可谁也不会去想,在这样的时代背景下,学生利用网络寻找作业答案的行为,究竟是应该训斥,还是应该鼓励,或是引导?我们的家庭作业又应该如何去适应这个时代的改变?

在今天,学生利用网络完成作业已经是一件很自然的事情了,因为他们本就是网络世界的原住民。50后、60后充其量只是网络世界的移民而已。问题是,原本也是原住民,至少是最初移民的90后、80后、70后的中小学教师居然对网络背景下学生知识的来源缺乏清醒的认识,恐怕所谓"可能会下岗"的言论就不再是危言耸听了。

网络或手机原本就是工具,问题在于是我们使用这些工具,还是让我们成为它们的工具?我一直以为,既然目前在许多学校不可能做到人手一台Ipad,那智能手机是不是可以成为课堂教学的辅助工具呢?至少有些我们备课的时候没有想到的东西,学生忽然问到了,其他的同学也不知道,字典上也没收录,教室里又没有电脑网络的时候,是不是可以把手机拿出来找一下"度娘",问一下"搜狗",问一下"问他",问题不就解决了吗？我们再也不需要像过去那样告诉学生："这问题搁置一下,明天我们再来讨论!"——这种以故弄玄虚来掩盖无知的把戏,一旦玩多了,早晚是要穿帮的。

我们要明白的是,大数据时代,教师在知识层面将无任何优势,当学生面对网络这个巨大的知识海洋,老师的半桶水完全失去了意义。老师存在的意义就是在知识和能力之间构造一座桥梁,这个桥梁叫做训练。所以说,未来教师有可能是体育教练型的,需要为学生制定一对一的训练计划。

大数据背景下,作为教师基本功的阅读、命题的能力早已经慢慢地弱化了。梭罗如果在世,恐怕会发出人们不只是发明了工具,更让自己成了工具的工具的感慨了。这是教师在作为"人"的意义上,面对大数据时代的尴尬。

今天获取知识的渠道和教学方式发生了怎样的变化?

荒蛮时代人们的知识主要来自生活,来自自然与社会;慢慢地,人们学会了书写,有了书籍,于是书籍成了人们知识的来源;后来,出现了老师,有了学堂,人们的知识就从老师和课堂那里来了。随着时代和技术的发展,有了无线电、收音机、电视、电脑、网络之后,人们知识来源的渠道就越来越多了。于是幻灯机、收音机、录音机、电视、电脑、网络、电子白板、微格教学技术一拨一拨地走进了教室,也一拨一拨地离开了教室。

随着技术的发展,我们越来越重视信息技术与课程的整合,到今天,有了 MOOC、微课、翻转课堂、在线课堂,尤其是出现了智能手机后,学生的知识,再不必完全依赖书本、教师或课堂了。尤其是博客、微博、微信、APP 等社交圈和自媒体的出现,使得人们获得知识的途径更加便捷。

现如今,人们获取知识的渠道早已经发生了变化,学习的方式自然也随之发生了变化。过去那种授受关系的教育——老师教、学生听;老师布置作业,学生做作业;老师出试卷,学生考试卷——再也不是不可以撼动的了。

学习方式的变化必然会带来教学方式和管理方式的变化。可悲的是,在这个大数据时代，我们的教育管理思想、教育观念、教学技术，还停留在农耕时代，甚至原始时期；一味地拼时间，游题海，上班签到，下班打卡，上班期间还有没完没了的巡查、通报。管理者更多地将精力转移到备课笔记检查、推门听课、教学质量分析（其实就是开会表扬和批评）上了。

"楚王好细腰，宫中多饿死"，老师们呢，也不得不将精力放在了应付这些检查和考核上，很少有人还有精力用于研究学生、教材、课堂上，更不要说研究教育了。同时，作为教师基本功的阅读、命题的能力早已经慢慢地弱化，我们几乎尴尬地陷入了一个离开了参考资料和电脑网络就无法进行教学的境地了。

在这个网络社会，一方面，我们获得的信息往往是碎片化的，支离破碎的。单就阅读而言，我们的阅读已经没有了深度，更多的是"浅阅读"式的。微博不就是一句一句的吗？而且，这一句句话之间还往往是没有联系的，就是那最长的一句也不超过七十字。试问：即便是这一句，我们又有多少人能耐着性子慢慢推敲呢？我们关注的是抢人眼球的犀利的另类的词语，于是标题党出现了。

另一方面，信息又是陈旧的、冗余的、过剩的，甚至有些信息就是垃圾。比如有人读一个月某教育家的一本书，就出本《跟某某某做老师》；又读了一个月，再出本《跟某某某学做班主任》；也有年轻教师写了一年或几年的博客，就出一本或几本著作的；更有脑子灵活的，直接将 QQ 聊天、语音房闲扯整理成"专著"；最典型的恐怕就是有些专家一个 PPT 讲几年、几十年，讲遍大江南北，讲成了"教育专家"、"知名学者"和"著名教育家"。

如果我们不明白，在今天，知识已经不是最重要的，重要的是教师的教育能力以及我们对学生的能力的教育的话，我们就有可能死守那些所谓专家的信条，最终导致我们不能适应这个时代。

我们如何应对？

在这样的情形下，教师和学校还是知识的权威和殿堂吗？在大数据时代，我们教师如何做教师？

大数据背景下的教师要走进网络

大数据背景下的教育，许多情况下借助网络技术。比如在线教育、翻转课堂，作为一种教学形式，我们在设计制作的时候，重要的恐怕不只是技术，更重要的是要改变我们的教育教学理念，并借此来影响学生的学习理念和生活观念。

在这样的背景下，我们必须走进网络，关注网络上与我们所教学科有关的甚至没有关联的新动态、新知识、新技术、新思想。否则，我们这些移民跟那些原住民的沟通是会发生阻滞的。即便是"屌丝"、"打酱油"、"油菜花"之类的网络词语，看起来很肤浅，但如果我们不走进网络，我们在原住民面前就永远只可能是一只"菜鸟"，即便是这样低层面的东西，我们如果一无所知，也会影响我们的教育行为与学生具体情况的匹配。

另一个方面，我们必须尽可能从台前走到幕后，从屏前走到屏后。如果真想要使学生的聪明才智得到充分的发挥展示，我们就得走进幕后，给他们以实实在在的帮助，或是默默的支持。所谓"从台前走到幕后"，是尽量让学生真正成为课堂的主人，而教师成为学生的帮助者、影响者。而"从屏前走到屏后"强调的则是课程的开发与设计。

大数据背景下的教师是学习理念和生活观念的引导者

有一个必须正视的问题是，网络催生了电子游戏。电子游戏可以传播知识吗？我觉得可以。尤其是美国、日本等发达国家的电子游戏、动漫，充满惊奇险恶，迎合了青少年的猎奇心理，早已经将孩子们兴趣吸引过去，某些知识也在这个过程中潜移默化地传递给了孩子。但这些知识良莠不齐，泥沙俱下，帮助学生提高甄别和选择的能力，正是教师当下的任务。大数据背景下的教师需要的是互联网思维，并在互联网思维下组织教育教学活动，坚持以学生为中心，以需要为前提，以服务为方式，以分享为快乐，并将这样的思维方式传递给学生。

在资讯发达的今天，我们理所应当成为学习理念的引导者，要在我们的引导下让学生明白：游戏，也是学习。上学不止是为了升学，上学的目的是为了增长知识，使得我们未来有更好的生活。如果一个学生只把升学当做他唯一的目标。如果学校教师也只把升学当做唯一的目标,那是要出问题的,为什么有那么多的孩子上吊?为什么会有父亲因为孩子作业没完成就痛下毒手?这些问题都需要我们去思考,去剖析,并引导学生进行思考和剖析。

大数据背景下的教师是知识学习的指导者和领跑人

今天的教师要成为一个领跑者,就要先学一步。我认为,所谓的课堂教学,应该是老师在课堂上跟学生分享自己的学习体验,引领学生体验学习、建构知识。我们要知道,有些知识因为学生的人生经验所限,靠自己还是没有办法解决的,必须依靠我们这些教师去讲授。不要把那些专家的话都奉为权威,譬如一堂课只允许讲15分钟,15分钟能讲明白吗?但是换个角度来讲,有些问题需要讲15分钟吗?这都是常识性的问题,其实我们真正要解决的是如何讲的问题。

我经常讲,我们要用学生明白的话讲学生不明白的道理。好教师一定是这样的。我们要让学生明白,往同一个目标去,不同的人是有不同的路径的。我们这些做教师的要明白,这路径要在老师的引领下由学生自己探寻。这当中,需要分享的,就是我们的经验。

大数据背景下的教师是问题探究的合作者和帮助者

合作学习这个词语对我们而言,早已经是耳熟能详的了。但合作学习更需要的是对学生有具体的个别化指导,因为不同的人学习的情景和背景是不一样的,他的出生,他的人生经验,尤其是他前一个学段所在的学校教学对他的影响是不一样的。比如,实验小学的学生跟乡村小学的学生的知识背景和学习结构肯定会不一样。我师傅常讲,城里的孩子跟乡下的孩子比,什么都不一样,就连看的广告多少都不一样,你看看城里的孩子,出门就看到广告,乡下的孩子出门看到的是什么,是田野、天空,完全不一样。

指导应该是因人而异的,具体化的。我们经常讲头脑风暴,但它还是有一个组织者。教师的功能其实就是一个组织者,不仅是课堂组织者,同时还是教学资源的组织者。学校教育有一个很重要的任务,恐怕是要设法把学生的"知"与"行"从网络中解放出来,互联网会解决"知"的问题,但是解决不了"行",基于网络的探究也只是探究而已。如何做? 如何实践? 我相信这是教师们大展宏图的新领域。

大数据背景下的教师应成为课程资源的开发者和组织者

如何把学校的课程资源跟教材的内容,跟学校所在的社区以及当下的社会事件组织起来? 在这点上我是比较擅长的。我每到一个地方讲课,都会很自觉地把这个地方的风土人情和最近发生的事件跟主题内容有机地结合起来。一个好教师需要有一种教学敏感,所谓教学敏感,就是遇到某个社会问题,你就思考是否有教育教学价值。实际上,并不是所有的资源都有教学价值的,更不是所有的资源都有教育的价值,尤其是今天这个知识大爆炸的时代,就更需要我们教师的教学敏感。

我们应该牢记,在当今社会,我们应该是课程资源的开发者,前面已经讲了,我们不要奢谈课程资源的开发了,很多老师恐怕连命题的能力都已经弱化了,这是个相当可怕的情况。所以在今天我们要想成为一个合格的老师,的确是一件相当不容易的事情。但是我们又往往缺乏这个意识,都以为自己是高等师范的毕业生,自己的教学难道还有问题吗? 难道还不能成为一个合格的教师吗?

大数据背景下的教师更需潜心阅读

今天的教师需要做到:一边积累,一边捡选。

对于那些碎片化的信息、微博或微信上的只言片语,我们要有意识地将它们积攒起来,所谓的"积土成山,风雨兴焉;积水成渊,蛟龙生焉",说的就是积累的作用和价值。我们要克服熊瞎子掰玉米式的阅读,或者用我的表述来说,叫"博客式阅读",慢慢地养成把自己的经验知识积累起来的习惯。

我们的电脑、手机用了一段时间就要更新、杀毒,就要删除冗余信息和浏览痕迹,提升机器的运转速度。同样,如果我们不定期对吸收的信息中的垃圾和病毒实施清除,不仅会影响我们"头脑"这部机器的运行速度,甚至会使这部机器瘫痪导致死机。及时清理机器,绝不只是为了将那些有用的信息留存下来,更重要的是要将那些信息勾连起来,即"关联"与"建模"。

这当中对信息的筛选显得尤为重要。打个比方:一辆很高档的轿车,你将什么都塞进去,就变成一辆垃圾车了。进入一辆豪华汽车的用物,是一定要跟这车子相匹配的。从教育教学的角度来看,我们的筛选、删除、关联、建模,是要建立在教育价值和教学价值的基础上的。

保持纸质书刊阅读的习惯,我们买的书,一定要让它真正地成为"我的书","我的书"是非读不能成的。我们经常讲把书读厚,把书读薄。如何读厚,又如何读薄? 这是要花功夫的,比如批注圈点就是读厚的一种,根据批注写出来的阅读体验就是读薄。在这个过程中,我们将自己的生活、见识、思考融入其间,有充分的时间跟自己的思想打交道。大数据时代,我们恐怕更需要明白"书本是谨慎地、含蓄地写作的,也应该谨慎地、含蓄地阅读","一本书,能解释我们的奇迹,又能启发新的奇迹,这本书就为我们而存在了"(梭罗语)。

大数据背景下的教师最终应朝人生导师的方向努力

在这个离不开网络与手机的时代,教师的作用绝对不会像某些专家预言的那样变得越来越弱化,越来越虚无,相反的是会变得越来越重要。试想一下,一个人,一天到晚总是面对着冷冰冰的荧屏会出现怎样的状况呢? 我想这个问题的答案,作为教师一定是清楚的。

我之所以认为今天教师的作用将会显得越来越重要,还不只是出于对孩子们总是生活在网络世界中的担忧,更出于我们对教育的价值与作用的思考。学校教育的作用,绝不仅仅是为升学,教学也绝不仅仅是为了考试,教育的价值更在于帮助学生认识和理解人生,教学的重要作用则是为了帮助学生学会学习。面对网络世界的原住民,我们有责任帮助和指导他们去筛选和建构,去形成自己的思维方式,去探索自己的学习路径,从而形成自己的价值观和人生态度。我们的作用绝对不是让他从60分考到70分,70分考到80分,99分考到100分。

在大数据背景下,我们早已经不是知识的控制者了,在许多方面,我们甚至已经落在学生后面一步，甚至好几步了。我们的优势或许就只有阅历和经验了，但这正是学生身上所缺乏的，也是他们最需要的。或许我们能对学生产生影响的东西就在这里，仅此而已。

第四讲
学生与学校行为文化建设

4.1 着眼于学生生命成长的德育工作

4.1.1 教育的法则——信任与帮助

早在江苏省教育厅重申关于规范办学的"五严"规定的一年之前,二甲中学就已经意识到学校本身的发展理念、存在方式和行为方式深陷于残酷的应试文化的枷锁之中,提出将教育上升到学生生命的高度和深度,通过学校文化的重建即学校行为文化建设,塑造学生新的精神追求、行为方式和生活方式等生命状态,引领学生的生命成长。

二甲中学将优秀的传统文化与现代的教育手段结合起来。通过新的解释,二甲中学将"温良恭谦让,仁义礼智信"作为教师与学生的日常行为规范。我特意提到,将"俭"字改成"谦",这样更有利于学生与教师的学习。在市场经济的条件下,人们追求物质利益,在条件允许的情况下,学会享受生活,并不是一件坏事,同时我们也要尊重人们的选择,提倡"丰俭由人"。在赋予了这十个字新的含义之后,我们可以看到这十个字的深远意义。

活动是理念的载体,学生在行动中成长、成熟。在我们"共同记载这一天"活动中,师生对各自生命状态有了更多地了解、理解以及感动。"我为班旗添光彩"活动,各班围绕班旗来完善班级文化体系,从纪律、生活、卫生、礼仪到学习等各方面为班级增光添彩。"寝室文化节活动",学生眼界由过去的"卫生"、"纪律"一下子跃升为"文化"的层次。"学习不只在校园活动",学生们参观余西老街、观摩南通青少年拓展基地、到香观寺采风,学生走进了社区,走进了公共场所,体验了生活,关怀了生命,拓展了生命的宽度,丰富了生命的厚度。

学校的教育行为,还集中发生在教室中,集中呈现在一个班集体中。一个好的班集体,对学生生命成长意义深远。以下我想借用朱建老师的一篇文章来表达我的观点。

教室里的法则——信任与帮助

朱 建

去年,也就是 2010 年的暑假,我始终处于一种思考的状态,思考我分别带领的 2007 届与 2010 届两个班的学生以及他们身上具备的那种班级气质的差异。

2010 届的孩子,我做了他们三年的班主任。他们温文尔雅,处世低调,遇事能反复权衡,并经常征求我的意见,是一群特别遵守学校规章制度的孩子。2007 届的孩子,我是在高二第二学期接手的,接手时学生们的行为态度有点"臭名昭著",他们成绩落后,纪律涣散,经过我前后整整一个学期时间的努力,至高三第一学期开始时学生的情况才有所改善,进入了复习迎考状态。但学生们"我行我素"的习惯也许由来已久,尽管我严加管教并且雷厉风行,他们的个性仍时有张扬。

鉴于 2007 届孩子身上的经验与教训,我在 2010 届学生高一军训之初,就替他们拟定了 N 条规章制度,并且严格执行。起初,有些孩子还试图挑战,但终究抵不过我的强势,逃不了被我驯服的命运。我做事有一个最大的特点,就是一以贯之,这批孩子也就在我条条框框的限定下温顺地度过了三年。至于曾经违背这些条条框框的孩子,都付出过惨重的代价,比如高强度的义务劳动、绕操场跑步或做俯卧撑等等。现在看来,那些犹如悬在孩子们头上的利剑般的条例让孩子们始终不敢越雷池半步。

高考这场激烈的竞争,也让我的生活失去了许多的乐趣,我没有时间陪妻子看电视,没有时间陪女儿玩游戏,人生的乐趣只剩下偶尔在聚会中与同事们的斗嘴。当发现自己的生活被考试无情挤压到如此狭小的空间时,我突然发现,我班上的孩子除了源自高考而有的学习压力外,还要时刻注意不能触犯我规定的条律。我突然体会到了孩子们感到的恐惧和压抑,也逐渐体会到2010届孩子们身上那些所谓优良的品质是以个性的磨灭为代价的。我居然成了某些恶的起源。

不记得是在哪本杂志上看到这样一件事情:有位教授招收研究生时,往往不太考虑那些考分第一名的人,理由是有些特别刻苦的孩子是本着改变命运的初衷来读研的,但他们一旦通过考试,命运被改变之后,便失去了进取的动力,重新回到庸碌的行列。而那些并不太重视分数的孩子,生活可能还比较优越,他们也不太在乎导师的评价,但他们因为自己对某个领域的热爱,更确切地讲有一种源自内心的动力,这反而能够支撑他们在科学研究的道路上走得更远。所以,教授在面试的时候就会去判断考生的眼神,观察他们是被迫的还是由衷地热爱。

这似乎让我明白了一些什么!原来我是在驱赶孩子通往那条所谓的成功之路,通过我制定的条律,通过我的"恐吓和欺骗"逼着他们前行。可是我却忽视了,当他们离开我,离开这些条律之后,他们的动力又将来自何处?我一直担心后来的学生都会像我的2007届的学生那样,担心他们不守规矩,担心他们不务学业。当然,我无法像前面所提的教授那样来挑选我的学生,但是我想,我还是可以改变一些什么的。

2010年9月,我又以班主任的身份迎来了我所带的第三届学生。这一次,我改变了!我开始不再担心他们会冒犯学校的规章,关于纪律的遵守,除了如之前那样高悬起条律的大棒,我还可以以身正为范,以生命在场的方式告诉他们。除了告诉他们如果高考失败,人生将苦不堪言,我还可以告诉他们学习是一件值得倾心为之的乐事,因为我们未来的成就将给周围的人们带来生活上的改变。让他们了解做一个能够给别人带来方便与快乐的人将是一件无比崇高的事情,但是要成为那样的人,还需要通过我们的努力学习来实现。

我的目光停留在了另一个地方,我不再在他们还没有犯错的时候就担心他们犯错。当我不再为提防而生活的时候,我轻松了许多,孩子们也轻松了许多。我也不再在他们正兴趣浓厚地探究某一个问题的时候,担心他们不用功学习,而是想我该如何帮助他们解决那个正在困扰他们的问题。

我发现,教室里的法则应该是信任与帮助。

4.1.2 给学生的成长营造开放的环境

在二甲中学践行"学校行为文化建设"时,我坚持主张从能够改变的地方入手,从关注每一个人、每一件事、每一次活动开始,并且,将这一态度一直持续到我离开为止。比如,"改造厕所"的行动是我拉开学校文化建设的序幕。这向全校领导和老师传递了一个信息:对生命的关爱应该从最基本的需要开始,也向全体同学传递了另一个信息,即良好的行为习惯可以从如厕开始养成。

好的教育从厕所开始,这是日本人一贯的教育理念。二甲中学也是如此。厕所干净、整洁自不用说,还有文化——墙上的提示,或幽默画,让人恍若置身于高级宾馆。洗手台上,一盆吊兰吐着常绿的春意;两尾金鱼,正在一个别致的小鱼缸悠游。这或许是在高级宾馆里也不曾见过的风景。这些会给人感觉:在二甲中学上厕所也是极大的享受,不仅没有嗅觉上的困扰,还有视觉上的美感。对厕所的关注,其实背后蕴藏了学校对人的关心,对学生与教师的爱护。

教育学者许锡良在《南通二甲中学行为文化印象记》中这样记录道:"好的教育要从厕所开始,这是日本人一贯的教育理念。日本甚至开设厕所文化研究所,专门负责厕所设计的研究工作。没想到二甲中学也是如此。二甲中学拥有一流的厕所,不仅干净,而且还有所谓的厕所文化,在你不经意抬头之间,能够看到墙上挂着的幽默画,这些幽默画常常蕴含丰富的人生哲理。教师与学生就是这样在潜移默化、耳濡目染之间受到提醒和熏陶。"

体验,是帮助学生理解规则、养成良好行为的可靠途径。对此,我们做了一系列的工作,在学校,网络设施、实验室、运动器材全天候向学生开放。学生可以随时走进实验室;可以自由取用篮球等器材;学校在图书楼大厅安装了触摸屏电脑,学生可以随时上网学习。我们认为,只有在一个开放的环境中,学生身心才能得以舒张,智慧和人格才能健康成长。

同时,我们也想让学生有自我约束的规则意识。在那个"体育器材超市",我们将篮球、排球、羽毛球、乒乓球、跳绳等排放在球架上面,学生在上课和午休之外的时间可以随时到球架上自行拿取喜欢的器材去运动,但运动结束了,需要他们自觉地放回去。

……

如此的案例,还有很多。

班级行为文化能引导学生形成正确的价值观,培养学生高雅的志趣和良好的习惯。为建设积极向上的班级文化,营造温馨和谐的班级氛围,学校开展了"我的班旗我设计"活动。活动中,学生们充分发挥了自己的想象力、创造力和团队合作精神来设计班旗,在这个基础上制定班规班训。一学年结束后,所有的学生在班旗上签上自己的名字,再将其留存到学校的档案室。通过这一活动培养了学生对班级的热爱之情,使班级成为每一个学生温暖的精神家园,班级文化也得到了充分的体现。

"共同记载这一天"、"在故事中成长"、"寝室文化节"、航模、书法、文学等社团活动也成为学生生命健康、全面、充满个性地成长的平台,使学生充分认识到个体生命的存在。

4.1.3　教育有时就是一种提醒

有一天早晨,我在前往操场看寄宿生晨间锻炼的路上,隐隐看到文津楼底楼一教室窗口里跳出来一孩子。我很想赶上前看看是谁,但想想忍了。只见那孩子边跑边穿外套,呵呵,是个女孩,她似乎感觉到后面有人,回头一看是我,立马加快了步伐,赶到操场队伍里去了。

看着这一幕,我不禁笑了:身为管理者,许多时候,对一些师生的言行应该保持一定的沉默。人的习惯一旦形成,想改变其实很难,尤其是个性影响下形成的习惯。它需要慢慢影响,慢慢改善。也许有些习惯一辈子也改变不了,因为它还有一个风俗的问题。

每每在校园里行走的时候,我们总是会发现学生很多不好的行为习惯,但是当学生已经意识到自己的行为不妥的时候,我们就应该"视而不见,充耳不闻",因为他已经意识到了,已经很尴尬了,你就应该给他机会自己改正。管理者的问题在于,总是将自己摆在一个权威的位置上,很少去顾及具体情形。教育的麻烦也在这里:我们总是想用我们的一套标准去要求每一个生命的个体。

诚如雅斯贝尔斯在《什么是教育》中所说,"针对不良倾向、嬉闹和涣散所制定的工作纪律是必需的,这种纪律能控制滥用自由的任性"。因为"纪律是使教育这一伟大的事业彰显其效率的前提,它与获得专门知识和技能一样,对教育来说是同等重要的"。但是我们也要明白"人们从小不假思索学到的东西将影响他的一生",也就是说,其实孩子们身上许许多多在我们看起来的毛病,是有根源的,许多情形下是不可能一下子得到改变,如果我们从这个方面来理解"教育是慢的艺术"也就不困难了。

在学生行为管理上,学校要尽可能避免严苛的惩罚。人在成长过程中,有时需要的仅仅是一个提醒,惩罚往往适得其反。孩子在昏暗的灯光下阅读,我们要及时提醒他保护好自己的视力。孩子的坐姿不正确,我们要及时提醒其改正。某个孩子在思想观念上产生了误区,我们要及时加以引导。

费尔南多·萨瓦特尔在《教育的价值》中指出:良好的教育最显著的影响就是"唤醒教育者的内心想要接受更多的教育,领悟更多的新知,体会更多的经验"。因为"受过良好教育的人并不是什么都知道",细想我们的教育,有多少时候是基于孩子的年龄、心智、性情、喜好的呢？我们的道德教育在这方面是最典型不过的了——给小学生谈爱国,到大学才谈遵守纪律、爱护生命。

教育的唤醒,绝不只是通过言语,游戏、社团活动、社会实践等都是途径。教育的最终目标恐怕还是要着眼于孩子的自我唤醒、自我觉醒。唤醒是一个不断反复的过程,觉醒就更不要说了。所以,教育者需要有耐心和恒心。

人的一生,受其生命内在规律的影响,很多东西都是生命中与生俱来的,我们的教育并不是全能的,无论学校还是教师都不能够代替学生的成长。但是,我们可以创设条件帮助他们成长。孩子某个思想观点上有误区,我们可以及时地提醒,世界真的很大很大,不能一叶障目,只见树木,不见森林。教育有时就是一种提醒。这就像一个人在走路时,遇到岔路一样。他人并不能代替你去走这个路,但是,他人却可以提醒一下,指点一句,这条路走下去会是一个怎样的结果。人生有些路,走过了,就没有回头的可能。学会选择的前提,是思考自己要走的路究竟是一条怎样的路。不仅是学生,也不仅是教师,其实,人的一生都面临选择,都需要他人的提醒。有时仅仅因一句提醒,人生的幸福程度就大不一样。

4.1.4　要让学生懂得为自己负责

有时候,我们会忽然发现"教育"两个字有些可怕,有人说,古文字的"教"字,右边像人手持教鞭(或棍棒),左边一个"子"表示儿童。所以"教"字的本义为督导儿童学习,引申为指导、培育、训诲等义。在我看来,这个会意字的意思就是棍棒下面出孝子的意思。"育"字,《说文解字》上的解释是"养子使作善也","不从子而从倒子者,可谓不善者可使作善也"。我们可以看到这也是会意字,上面是个"亡",下面是个"肉",合起来是什么? 这样一想,对当下的"教育"也就不难理解了。

记得若干年前我师父陈有明先生登黄山的经历。那时陈先生已经 60 多岁了,暑期去黄山旅游,天都峰他是自己一步一步登上去的,我们都羡慕先生好精神,问他怎么不坐轿子,请轿夫抬上去?先生笑着说:"让轿夫抬上天都峰的话,我的命运就不在我的脚下了!"现在想来,"让轿夫抬上天都峰,我的命运就不在我的脚下了"这句话实在是人生的哲理啊!其实,教学也是如此,你想什么都教给学生这可能吗?即便可能,那么,他们在未来的路上,能掌握自己的命运吗?我想,教育,最有效的办法大概是要让学生明白,我们每个人都是自己的救星。

我们在实践行为文化建设中,面临的困惑很多,比如部分家境优越的孩子,因为在成长的过程中没有经历艰难,加上父母通常由于工作的繁忙而缺乏与孩子的交流沟通,所以常会导致孩子学习缺乏动力,成绩落后,甚至会萌生辍学的念头。对于这部分孩子,要重新唤醒他们对人生的忧患意识,增强他们的学习动力,有时还需要等待时机,甚至巧妙设计教育情境。

有位学生叫鹏鹏,那年上高二,父母都有各自的企业,家里厂房设备等资产几千万元,从小到大一直生活无忧。因为父母工作很忙,所以寄宿在校的他与朱建老师关系很好,什么话都愿意跟朱老师讲,只是当朱老师要他用功读书时,他每次都坚持"读书可能有用,但不读书照样能有好的前途"的观点。理由是他的父母没有上大学,现在事业都干得很好。朱老师用尽了心思引导他,可是鹏鹏依然我行我素。尽管如此,朱建始终没有放弃。直到一次,鹏鹏再也无法忍受周围同学个个都在认真地读书,就他无所事事,索性准备回家不读书了。

鹏鹏:老师,我准备不上学了。

朱建:为什么?在学校不是很好吗?

鹏鹏:不好!大家都努力学习,就我一个人不学习,太没意思了,不如回家!

朱建:回家你能做什么?帮你爸爸打下手?你太小了,帮得上他们什么忙?

鹏鹏:厂里的事情我才不高兴做呢,我要去南京找我的舅舅。

朱建:你南京的舅舅?他做什么的?能帮你什么?

鹏鹏:他有一个律师事务所。他认识的人很多,肯定能帮我找到一份体面的工作!

······

朱建若有所悟,对他说:这也许是个不错的主意。你可以去找他试试。

就这样,鹏鹏决定第二天就出发,朱建答应了他。送走鹏鹏后,朱建立刻和他的父母联系上,叙述了鹏鹏当前的心理状态,建议他们隆重地送鹏鹏上南京找工作。同时,要他们和他南京的舅舅联系上,带鹏鹏去人才市场找最"好"的工作。过了三天,朱老师接到了鹏鹏的电话。

鹏鹏:老师,我还想回来读书,行不行?

朱建:不行。昨天,校长已经批准了你的退学申请,你的学籍已经取消了。适当的时候你可以回来领取肄业证书,我会帮你办理好,以防以后有用,至少它可以证明你上到过高二。

鹏鹏:老师,你别办理了,我还要回来读书。这次,我明白了读书真的很有用。我舅舅带我去人才市场了,博士、硕士别谈了,超市营业员要高中毕业,运输特别化学药品的驾驶员要本科学历。这可是最差的工作。像我这样高中都没毕业的只能算是农民工了。

朱建:你不是还有舅舅吗? 他的律师事务所可以要你的!

鹏鹏:我舅舅说了,他收我可以,但我能做什么得看我自己。我连一点儿法律知识都没有。在那儿顶多能帮大家烧烧水,扫扫地,可烧水扫地已经有一个阿姨了,我舅舅说和人家签订过合同,不好随便叫人家走。你就让我回来读书吧!

朱建:学校可不是你想走就走、要来就来的,我明天去找校长,如果你的事情已经上报了教育局,你就回不来了。你还是和你的爸妈商量商量,在厂里做点事情吧!

鹏鹏:老师,我要回来,我一定努力学习,你一定要帮帮我! ……

显然,鹏鹏最后回到了学校。朱建老师用这样的方法让他认识到读书学习的重要。鹏鹏回校后,如同换了一个人,虽然不能和最认真的同学相比,但和他自己之前比起来可是天大的进步。

思想教育工作和教学工作的道理是一样的,我们描述得再生动、再形象,都还要靠学生自己去体会,去理解。朱老师说,他同意鹏鹏上南京的理由:第一,鹏鹏心高气傲,不愿意从事父母厂里的工作,肯定也不愿意通过人才市场从事类似的工作,而以他目前的实力,肯定找不到更好的工作。所以,他找工作必然失败,也就必然回来。第二,要求鹏鹏父母隆重地送他上南京,要求他舅舅带鹏鹏找最"好"的工作,是为了让鹏鹏形成强烈的心理落差,"期望越高,失望也就越大",增加对其"不读书照样能有好的前途"的想法的冲击力度。鹏鹏回家后打电话申请复学,朱建不断找了些"莫须有"的借口拒绝他,目的是为了进一步让他知道学习机会的难得,也就是"失去的才知道珍惜"的道理。当然,最重要的是,朱建老师认为一个人的命运是掌握在自己手上的,高中阶段的学生,当他们有自己的意愿跟选择时(虽然可能是一种冲动),教师要做的,只能是在此过程中帮助学生分析,而不能代替学生决定。

被老师等待的学生是幸福的,等待学生的老师也是幸福的,因为等待的终点是成功,在等待中体现的是每一个个体的鲜活生命的尊严和价值,在等待中升华的是对每一个个体的鲜活生命的尊重和敬畏。

在朱老师的博客中,他写过这样几句话,"让我们把睿智的目光投向充满无限生机的现实的教育生活,在教育学、心理学理论的指导下积极探索、勇于实践,我们用爱支撑的教育行为必将结出丰硕的果实。为感恩、为责任、为使命,做好班主任,以及做一个好班主任,将是我永远的信仰。我们为爱而工作,我们终将到达成功的彼岸!"

4.2 让每一堂课都滋养学生的生命

4.2.1 对学生来说,什么是好课程

当下,新课程改革正如火如荼。新课改倡导要实现学生"知识与技能、过程与方法、情感态度价值观"三维目标的和谐统一。这与"今天第二"的理念应当说是不谋而合的。课堂是实施素质教育的主阵地,也是行为文化建设的"主战场"之一。

我认为,课堂教学应当是一种师生的"生命场"。理想的课堂教学是师生间相互交流、沟通、启发、补充的过程。在这个过程中生命体彼此分享阅历、积累、心态、情感、观念和价值取向。在这个"生命场"里,蕴含着人的生命素质、生命质量、生命境界等持续不断生成的能量,这是一个渐进的、多层次的、多维度的、多因素的生命体相互作用、相互推进、彰显生命光彩的过程。因此,在课堂上,不但要使学生在"自主、合作、探究"的氛围中习得知识,更要使他们掌握获取知识的技能与方法,为他们全面而个性化发展奠定基础。要分数,更要能力!

本着这一宗旨,我们实施了以"三个关注"为抓手的课堂教学改革。我们首先考虑到的是学生的学,其次才是教师的教,在考虑学生如何学到、学会的基础上再去考虑教师如何去教,讲究"相机而教",追求课堂的动态生成。在"三个关注"的课堂中安排充分的自学内容,讲究课前的预习与课后的总结和反思。这也正契合了新课改"教为主导"的理念。

"三个关注"的课堂能在二甲得以顺利推行并初见成效,我想很大原因在于校领导集体率先示范。苏霍姆林斯基说过:"校长对于学校的领导,首先是教育思想的领导,其次才是行政上的领导。"因此,领导集体的思想引领非常重要。管理者的工作方式和

态度既影响着制度的执行，又影响着教师的风气和工作情绪。针对老师的抵触情绪，管理者要让自己成为"范本"。这么多年来，我从未离开过课堂教学。在我们看来，学校管理者首先应该是个好教师。在全校启动"三个关注"的课堂教学改革会议上，我做了《退而结网，从改变我们的教学行为开始》的讲话，并提供了教学设计的参考样式，要求各学科通过集体备课等方式，讨论形成符合本学科尤其是个人的实际情况的模式。现在我也经常给教师写教学设计的样本，放在博客上，供他们去讨论、批评。而且，我们管理团队成员每周都听课，所有成员都开公开课，都分管一个学科或一个年级，都在一个学科蹲点。

在课堂教学改革中，我们每个班子成员都能就自己所任教的学科形成自己的思考与研究。就我所任教的语文学科来说，我认为，语文教师要有从文本本身、从字里行间理解文本本意的功夫。教师在设计教学方案时，必须找准教材重点和难点的突破口，要善于捕捉课堂上矛盾与碰撞所产生的火花或灵感。"三个关注"的课堂，就是要在教学中充分发挥教师智能中的人文情感和文本内容的人文因素，去唤醒沉睡的学生，唤醒他们的求知欲望，将文本与生活、文本与现实、文本与自我有机地结合成一体，让课堂成为关注生命、放飞生命、提升生命质量的园地，让课堂奏响生命的乐章！

4.2.2 做"有料"的课堂

关于怎样的课才算"好课"，专家们已经说得很多了，但真正得到人们认可的"好课"究竟是怎样的，至今依然莫衷一是。其实，作为教师，每个人都有自己对好课的理解，我总觉得称得上"好课"的不外乎这几个"有"：首先是有人，其次是有料，再次是有趣，还要有变。如果浓缩一下就是要有味，能让人回味无穷。

所谓"有人"，说的是作为一位教师，应该努力从教育的本原来认识我们的课堂，教育是面对人，帮助人的生命生长的。着眼于生命生长的课堂，必然是基于学生实际，是从学生生命生长需要出发的。《一个称作学校的地方》的作者古德莱得在观察、调查和数据分析的基础上告诉我们，学校教育的理想期待是："期待学生们了解不同的价值观念体系；在尊重、信赖、合作和关爱的基础上与他人发展有效益的和满意的关系；培养对人类的关心；培养和运用美学和人文的基本原理和概念，鉴赏其他文化的美学贡献；培养对道德行为的必要的理解。也正是在这里，我们发现了关于培养各种能力的论述，如有效利用闲暇时光、进行建设性的自我批评、以新颖的方式处理问题、体验和欣赏不同创造表达的形式。"也就是说，我们的课堂生活要观照人的生命和生活的方方面面。

遗憾的是，我们在课上总是习惯于指向考试，指向升学。我们灌输给学生的，也就只有考试、升学，或者将来找个好工作，找个好对象，过上舒舒服服的好日子，而这好日子又很少是指向休闲、批判、体验、创造的。考试升学，找好工作，找好对象，过好日子从某种程度上说也是着眼于人的，但是人生绝对不仅仅只有这么一条路径，如果我们的课堂指给他们的就这么一种可能，那么将来学生一旦遇到挫折，脱离我们教给他们的这个轨道的时候，他们就会不知所措了。许多所谓的"好课"起到的正是让学生一条道走到黑的负面作用。

"有人"的第二层含义，就是有我们自己。这就牵扯到所谓的课堂教学模式。每个人，包括每个学生，都是一个独立的个体，人跟人是不一样的，这不一样不仅仅因为我们所处的环境，接受的教育不一样，还有一个很重要的原因是我们的基因不一样。因为这种种的不一样，就决定了每个人都具有独特性，所以我们每个教师的课堂教学风格也是不一样的。所谓有我们自己就是要有我们的个体特征、个人风格，作为"我"的课堂，这里面就包含着"我"的教学哲学。比如十位老师对《老王》的解读尽管有一致的地方，这一致体现在对文本主旨的解读和文字表达的方式与技巧上，但在如何帮助学生理解和探讨文本的主旨与文字的特色的问题上，不同的教师就有不同的认知，这不同的认知决定了他们课堂教学的入口、流程与方式的不同。有的老师关注"我"与老王的关系，有的老师主要在解读"我"的愧怍上花力气，有的则着眼于文本中的一些细节的描写……课堂教学，就如克里希纳穆提所说的，你无法邀请清风，你唯一能做的就是打开窗户。教师的教学,就是为学生打开窗户。

课堂教学总体上来说是教师的个体性劳动,但同时更是教师的创造性劳动。没有教师的个体意识,也就没有教学的创造性。正因为每个老师具有个体性,教学才可能是多元的。这多元不仅仅是由一个个独立的个体所决定的,同样也是由教师在不同阶段的不同认知决定的。人有一个生命成长的历程。做教师的,从学徒,到匠人,到艺人,再到专家,这个过程中我们所教的每堂课都是不一样的。这原本是常识,可现在我们在课堂教学评价时往往只有一个标准,这标准更多的时候只是评价结果,无视施教教师和受教学生。我们习惯了用我们认定的教学模式去衡量别人,平心而论,我们认定的模式就一定是从教育的本源出发的吗?

所谓"有人",还包括不在场的人,比如教材的编写者,教学纲要、课程标准、考试说明的制定者,最重要的是我们孩子身边的人,这才是我们挂在嘴上的"教学情景"。以往我们对情景的理解是有误区的。我们喜欢"设置情景",什么叫"设置情景"? 就是教师编造一个场景,让学生进入。而真正的教学情景应如加拿大学者范梅南所讲的那样,包含学生近期在家庭、在社区所遭遇的实际生活。而从社会学的角度来讲,就是近期与这位学生所发生的各种关系。如果从这些角度来说,不仅仅是人,我们所处的课堂这个实景都可以视为与学生有关的关系。我认识的一位美术教师张晓明在执教中学美术鉴赏课《在美术世界中遨游》一课时,讲到雕塑类型辨析时,就以施教教室的墙柱和方格玻璃窗为例,让学生感知什么是圆雕、什么是透雕,很自然运用学生身边的环境促进学生的理解。课程资源的利用就应该是随机的,自然而然的,但又不是随意的,它始终紧扣着课堂教学的目标,为实现或者达成教学任务而服务。

"有料",换一个角度来讲,就是我们常常讲的课程资源。一堂好课,教师会从实际的教学情境出发,开发和利用相关的教学资源。这资源既来自我们自身的经验和积累,更来自与学生互动的课堂。我们必须明白"我"就是课程,"我"就是课程资源,同样,每一个他者也是课程,也是资源,而这些资源只有在共享的时候才能发挥效用。问题是在具体的课堂上我们如何调动和使用这些资源。

作为教师,课堂教学要帮助学生认识到:处处留心皆学问。前面所说的张晓明老师在引导学生运用所学美术基础知识提升日常审美判断能力时,引用了前两年某地城市雕塑耗巨资却因丑陋和市民的反对只存在了5天的个案,这让我联想到河南郑州的大背头弥勒佛,没有完工就被拆了的事情。我认为课程资源运用的一个重要任务就是通过我们引入的资源调动学生的联想,将他们日常生活中的所见所闻调动出来,加深对所学知识的认知和理解,举一反三,进而调动批判性思维,提升思维品质和道德认知。张老师引入这个资源后,让学生在分析判断的基础上,不仅明白了形式美,更明白了形式美是建筑在心灵美的基础上的。身为政府官员,绝不能拍脑袋决策,不能浪费纳税人的钱。将来有一天,我们的学生在有可能成为官员的情况下,要以此为戒。这其实又是跟"有人"相呼应的,教育不仅是着眼于当下,也是着眼于未来的,这未来是这个孩子的未来。如果他没有对未来的思考,类似的问题可能就会在他的身上重演。所以所谓的情感态度价值观的教育,就要在这样的情境设计、资源运用中实现。

当然"有料"要建立在教师自身的功底和阅历的基础上。语文教师更要有深厚的语文功底和丰富的人文素养,有像夏坤老师那样的教育热情和才艺,课堂才可能是有个性的、多姿多彩的。

"有料"的教师的课堂是会"有趣"的。

课程资源的开发和利用需要避免的问题是"拾到篮子里就是菜",我们都知道并非所有能够进篮子的都是菜,拾进去的"菜"是要为实现教学目标和教学任务服务的,这不仅要考它的有效性,更要考虑它的趣味性。所谓趣味性,就是要求我们的课堂能让学生产生忽然间发现某种稀罕之物的兴奋,以及迫不及待地要将自己的发现告诉大家,与大家分享的乐趣。人总是喜欢发掘神秘的宝藏,尤其是儿童。有趣的课堂,就是要带领学生走进未知的境地寻求知识的宝藏。

我们在设计教学方案的时候,总是在为教学内容(即"教什么")叫苦不迭,却很少自觉地思考为什么教,教什么,什么时候教,怎样教,为什么要这样教,这样教对学生有什么帮助,对自己的专业发展有怎样的意义等问题。我们总是习惯了教教材,搬教参,甚至于习惯等集体"备课"给我们提供一个现成的教案。于是我们的教师就慢慢丧失了对教材深度阅读的兴趣,更失去了对教材深入解读的热情。这种"无趣"与"无情"慢慢地导致了我们课堂的枯燥乏味,使得学生漫不经心、被动地接受、敷衍了事。

我的另一位教政治的朋友陈蕾老师在执教高二《社会发展规律》一课时,一开始通过 PPT 给学生呈现了一叠钞票、一把枪、一只手机、几个儿童、和平标志(反核战标志)、课程表六张图片,让学生尝试分类。这一举动让我这个观察者也糊涂了,这要怎么去分类呢?但这把学生的兴趣给调动起来了,学生的归类各有不同,但都有他的理由。当然,也有不少学生没有发言,但没有发言不等于他不在思考。"有趣"的资源就是能够触发学生思考的。黄玉峰老师的语文课,常常会引入"小学"的知识,借助造字之法、音韵之学、书法之美等,帮助学生理解具体的文字韵律在具体文本中的意蕴;夏坤老师则善于将音乐、电影等艺术引入课堂,让学生在音乐、电影的欣赏中学习语文,喜欢语文。

有趣的课堂会将学生的天赋、洞察力以及多元的视野聚焦在他们对生命的挑战上,进而创造出一种全新的可能,也就是会寻找我们从未想到过的答案。

"有变",说的是一堂好课的每一个环节往往是"出乎意料"的,是随机的,也就是我们所讲的"动态生成"。一堂好课是一定会根据课堂的实景(注意我讲的是实景,就是我们经常讲的所谓的情景)调整教学预案和教学方法的,这样的课堂才可能是有张力的,有灵气的。还是回到"有人"的问题上来讲,我们的教学面对的是人,人是活的。既然人是活的,我们就不能死守预先设定的教学方案,不能够按照一个教学模式组织教学。

杜威早在《我们如何思维》一书中对教育的模式化问题进行了批判,他这样告诫我们:"教育者应该注意到个人之间存在的不同;他们不能将一种模式和类型强加给所有学生。""教育应当使人都具有学者、科学家和哲学家的精神,不论他们的职业兴趣和目的如何。但却没有道理认为一种思维习惯就比另一种优越,也没有理由强制地将实际型的转变为理论型的",从思维的层面来看"每一个人都有这两种能力,如果这两种能力能够紧密地联系起来,那么每个人的生活都会更有效更快乐"。"教育的目标应该保证两种思考态度的平衡和融合,并充分考虑到个人的性格,不能阻碍和限制他自身所具有的强大力量。"

遗憾的是,当下许多教育专家尤其是那些教育行政官员,他们恐怕并不是不知道人的思维具有具象与抽象两个方面,他们要的只是眼前的利益和政绩,所以才有不顾实际的行动和理论的粉墨登场。我们需要明白的是,人的个性化,即便是具体到个体的人,它也是多元的、变化的,因为生命是多元的、变化的。所以,这决定了教育必须是多样化的,而不是刻板化、模式化,好的课堂总是会在变化中获得教与学的愉悦。

"有变"的课堂是对传统课堂的挑战。杜威说:"几代人以前,基础教育改革的最大阻碍在于对语言形式(包括数字)的迷信,并据此去训练思维;今天对实物的迷信阻碍着改革的道路。"其实,"有变"的课堂就是要打破我们对他人的迷信,对标准的迷信。用印度哲学家克里希那穆提的话来说,在我们的课堂上,"如果你老是按照他人的标准来认识自己,你就永远停留在做'二手货'的人"。

综上所说,所谓的"四有"是建立在文化、科学、哲学三大基石上的。好课也是有它特定的课堂文化的。学校是文化单位,教育是传承文化的事业。课程本身包含的文化意蕴,更多地要靠施教者去开发。这当中又关乎一堂课,甚至一门学科内在的教学逻辑性。一堂好课就像一篇精美的散文,它是有明线和暗线的。课堂上无论我们怎么放,无论学生怎么动,都不能"下笔千言离题万里",所有的活动都必须是围绕着一堂课,乃至一个学科教学的内在线索展开。好课的背后折射的是教师的教育哲学,一个好教师的课堂教学,一定有他的价值认知和价值取向。他既不会随心所欲,天马行空,也不会为人左右,失却自我。他会用他的智慧与他的学生共同挖掘那神秘的宝藏。好课的艺术,就在于"放得开,收得拢",这艺术会让人觉得余音绕梁,回味无穷。这样的课堂教学,才可能是从学生着眼的。

4.3 青春因行为文化而激扬

4.3.1 班级博客

一位诗人说过,家——就是夜深了,有人点着灯等你。夜深人静,万籁俱寂,疲惫的行者没有停止脚下的步伐,因为远方有一盏灯,有人在等他,那是他今晚一定要去的地方,是他的家。同样,班级作为学生学习的场所,也应该是学生精神的归属,心灵的家。在这里,教师要为年轻的心灵点亮一盏不灭的灯,指引着他们不断前行。

在学生的行为文化建设上,有些很好的做法,已经产生了一定的影响。为了提升班上同学文学写作的能力,老师们探索了不少方法,朱建老师也一直在琢磨想办法。有学生和他合计,在班上办一份班刊,并建议起名为《龙行天下》,还有学生认为他们应该脚踏实地,要有成为将军的大梦想,于是,经讨论决定将班刊定名为《将行天下》,随后,第一期班刊如期面世。后来他们又办过一期,但是办班刊要经过排版、制作、印刷等工序,耗费的精力、财力太大,而且时间间隔比较长,朱老师于是与同学们商量,将班刊《将行天下》搬上网络。就这样,他们班开通了班级博客《将行天下》,在这博客上发布同学们的佳作、班级的活动和事务,每位同学都积极参与其中,他们或访问留言,或发表评论或与老班讲讲悄悄话。

为了表彰优秀学生,朱老师还建议在班上定期评选"将行之星"荣誉称号,将评选上的同学的照片附上文字说明上传班级博客,作为永久纪念。评选内容包括成绩优秀、进步明显、助人为乐等。那些获得"将行之星"荣誉称号的同学看到博客上关于自己的表彰后纷纷打电话告诉父母,叫父母访问班级博客,见证他们的成长。就这样,班级博客成了他们班同学非常关注的一件事情,很多同学为了能在博客上留下自己的作品经常练笔,朱老师择优录用。同学们还经常提醒朱老师又到了新一轮"将行之星"评选的时候了,还有同学则建议评选"将行之星"的范围应该拓展,比如拾金不昧,比如运动会上奋力拼搏为班争光,等等。就这样,凡是同学们认为有价值的事情都逐步列为"将行之星"的评选范围,同学们也把每一次的评选当成竞争和角逐的机会,班级就在这激烈的相互竞争中一点一点积累着优势。

班级博客《将行天下》是一面粘贴着同学们光辉形象的"墙壁",是一处展示着同学们各自风采的"舞台",是一本记录着同学们奋力拼搏的"账册",是一盏指引着同学们前进方向的"明灯"……朱老师的班级博客《将行天下》成了学生心灵的家。

班级博客为同学们留下了学生时代珍贵的文字和图像,是他们自己的史册,同学们都非常地在意。朱老师也在自己的博客中写下自己的思考,他认为奖励给学生的东西,不一定要多昂贵,不一定要多精美,不一定要多久远,但一定要是学生在乎的。

朱建的班级有了一个响亮的名字:"将行班",他的"将行班"到 2013 年已经有了三届学生,今天的同学们还能在博客中看到前两届"将行班"同学的足迹,他们也想为朱老师未来要带的"将行班"的学弟学妹们留下榜样。所以,他们激动,他们期盼,他们奋斗,他们创新,他们已经把博客《将行天下》当作是在书写个人成长的历史,所以,这也必将引领孩子们走向更大的成功!

4.3.2　班旗,指引学生前行的方向

一所学校,给人心灵产生最大撞击力的,不只是校容校貌,不只是学校的办学思想和办学理念,更是学校的行为文化。行为文化是学校文化的动态层面,强调"人"在校园文化中的地位。教师和学生是行为文化的主体,也是校园文化的实践者、发展者、受益者。行为文化建设的目的是要形成学校个性鲜明、底蕴深厚的精神文化。

自 2008 年 9 月提出"学校行为文化建设"以来,我们在学生中开展实施了"我为班旗添光彩"校本活动课程,作为"学校行为文化建设"在班级层面的具体落实。通过开

展"我为班旗添光彩"班级文化建设系列活动,积极营造学校和谐的班级文化氛围,提升班级的文化品位,形成富有特色的班级文化,培养学生的集体主义意识,激发学生创新求进的精神。把情感转化为行为,把行为转化为习惯。

这一校本课程的目的,在于深化学校行为文化理念,促成人文和谐的校园文化的形成,尤其是帮助学生认识和认同行为文化。然后使得班级成为学生的精神家园,形成一个互相勉励、互相帮助、共同进步的团体,从深层次提炼班级的班风,促进学生集体荣誉感,树立远大的理想,用思想改变学生行为,用行为改变学生习惯。

在活动设计中,主题力求突出,紧紧围绕学校行为文化建设,着眼于班级和个人,以班旗展现班级风貌;并坚持师生参与,充分发挥彼此的想象力、创造力和团队合作精神,挖掘班级内涵,突出个性,形成班级特色,从深层次提炼班风、学风。

在内容上,活动尽可能达到多层次、多角度、多方位的要求,通过动态的设计、完善、体验等过程,全面进行行为文化的渗透,培养同学们对班级的热爱之情,把班级文化作为区别于其他班级的核心元素,并使这一理念在班旗设计制作过程得到充分的体现。

五年间,"我为班旗添光彩"系列活动共分成六个阶段,包括:班旗设计要求和标准的颁布、上交班旗设计方案、班旗制作、设计方案的说明与班旗展示、最佳班旗设计评选、"我为班旗添光彩"活动等。从具体实施上来说,大致可分为下列几个步骤:

(1)各班设计用时两周,要求全体同学参加,将收集的设计稿进行筛选,选出最能代表本班特色的作品,交往政教处集中。

(2)由学校统一组织人员对各班班旗进行美化,并将设计稿制作成班旗。

(3)各班再次发动学生,发挥想象力与创造力,发挥团队合作精神,对本班班旗图案的象征意义进行文字说明,并转化成班级格言,在全校进行展示。

(4)开展"最佳班旗评选"活动。以投票打分的办法,对全校班旗从图案、说明、象征激励意义等多个角度进行评判打分,评选出最佳班旗若干面,给予奖励。

(5)总结升华阶段:开展"我为班旗添光彩"活动,发动全校各班学生,通过为学校建设建言献策、为班级发展添砖加瓦、在考试中取得优异成绩等多种途径为我班的班旗"添光彩"。

（6）期望成果：力争通过本系列活动，扎实推进我校"创建行为文化建设"特色学校活动，通过"行为文化建设"推进班级文化建设，提升班级凝聚力，把班级建设成为学生的精神家园，促成人文和谐的校园文化。同时，作为学校活动课程开设的具体落实，总结活动中的成功经验，将有关活动资料整理汇编成集。

从具体的活动经过来介绍，"我为班旗添光彩"的第一阶段属于"打牢地基"：要求全校每个班级都要在班主任的指导下，由学生自主讨论、设计、评选和确定班旗，同时荐举一名学生为护旗手，每天负责将班旗安插在指定地点，并在恶劣天气时负责将班旗收拢和保管。该阶段班旗的"设计"和"保养"环节几乎调动了所有人的积极性和创造力：所有人都热切盼望自己设计的班旗能迎着朝阳飘展，那是何等的自豪和荣耀！大家都有种"青春萌动"的感觉。

第二阶段属于"建全框架"。当全校44面班旗飘扬在二甲中学时，它们已悄然化作校园一道亮丽的风景线。这时候，同学们开始在老师带领下，围绕着自己的班旗来设计班级理念、班歌、班规、班报，甚至个别班级连名称也改为"将行班"、"励志班"……整个学校呈现出一片欣欣向荣之景，大家的凝聚力、向心力空前增强，都渴望自己的班级能在这百舸争流中崭露头角。该阶段的实施进一步提升了学生对班级、对集体的认同感、归宿感和自豪感，大家自觉不自觉地开始融入到这一场洪流中来，教师也发挥了重要的导向作用。

第三阶段才属于真正的"增光添彩"。在有了前面的良好局面后，大家都想方设法地增加班级闪光点、减少班级负面形象，于是从纪律、生活、卫生、礼仪、学习等各方面，各年级都有了显著的改善。更重要的是这种改善完全是自发式、主动式的，一改过去被动消极的工作局面，学生的行为习惯也在这潜移默化中逐渐得到改善和扭转。初三、高三毕业班学生在毕业分离时，大家纷纷把名字签在曾经代表着光荣和责任的班旗上，以作留念。该阶段的提升也是一大创新：由于要为班旗"添光彩"，势必会拓展学生活动的时空范畴,学生在校的一切行为都可囊括在这"光彩"之中。由此,该活动使德育工作的深度、广度和内涵都已达到学校重要战略的高度。

班旗,作为一个班级的象征,可以汇集学生的智慧,可以引领学生的追求,可以展示学生的风采,可以凝聚班级的人心! 例如,获得"最佳班旗设计奖"之一的高二(8)班在班旗设计的过程中还举行了特别班会,因为同学们提出了两套设计方案,谁都认为自己的方案是最好的。高二(8)班拥有自己的班歌、班级誓词、班级理念,并且还在"网易"上建立了班级博客,唯独没有自己的班旗。这次班旗设计活动让他们的班级文化体系进一步完善。他们始终以"未来的将军"自勉,把现在的刻苦学习当作是未来行走天下的能量积蓄,因此自号"将行天下"。但是,有两批同学分别提出了"龙"与"将行天下"的组合和"两匹奔马"与"将行天下"的组合,为了说服对方,在班长的主持下,他们展开辩论,最后确定了"奔马组合"。他们普遍认同两匹奔马象征着奔腾不息、齐头并进、团结协作的精神,而且马是"实干家",他们作为学生应该具备实干精神。

通州区二甲中学 2010 级
"将行班"的标志

一段争论引发了对一种精神的深入思考,一次设计见证了一种心灵深处的向往,一面班旗折射了一种文化引领的追求。每一面班旗都将成为这一批学子成长经历中永远难忘的回忆,也必将是指引他们通往成功彼岸的奋斗历程。

4.3.3 《COLOUR》杂志

2009 年某日早起,在办公室,两名高二(7)的男生,给我送来一本《COLOUR》,我很是欣喜。我在葛阳红老师的一篇博文中知道了这帮文学青年，并嘱陈正浪主任给予关心。今天见到的不仅是两位文学青年，还见到了他们的刊物——由他们自己录入、排版、打印的！我再一次想起"教育应该是一件好玩的事"这样的信条。

一本杂志的诞生，其光鲜外表下，是一群有想法的、有激情的人的汗水，甚至泪水。多少个不眠之夜，从资金到技术到制作印刷，其中的争吵分歧、取笑坚持、成长放弃，其艰其难，可想而知！《COLOUR》并不仅仅是杂志，它的背后是一群活跃的文学团体！他们热爱文学，热爱写作，他们用独特的眼光去看、用心去感受、用文字去诉说！

对于校园生活色彩来说，文学的元素是必不可少的！对于现实的校园来说，校园文学少之又少！现存的校园生活中，厚厚的教科书以及围绕其周围的配套练习，是同学们挥洒青春激情、展示才情的唯一平台。

在所谓"涉世"、"青春"的作品中，成长和感悟是易燃的火药。它们不是80后的青春文学，这些文章就是一杯纯净水，融入了逝者如斯的感悟；这些诗歌寻找90人的人生刻度，虽然海子、顾城们已随风远逝！

以"纯学生的杂志"为名义，以"90后回归传统或者以青春素材阐述传统本质"为风帆而起航的地方叫二甲中学，一所追寻行为文化的草根中学。看到这本油墨飘香的小册子，我对《今天第二》的编辑讲，一定要给他们开个专栏。

附《COLOUR》杂志中的作品：

关于流年，撑叠雨伞

絮　陌

一

当白光开始旋转

变换记忆里掺合的酸楚

零落成为一地的泪花

一粒尘的故事

脱离原来的生命轨迹

悄然地举起高脚杯

淡定的面具下眼珠维系微笑

梦想延伸出的落寞

流年岁月里撑起的伞

遮住黑白色的阳光

你说

我们都过着无从选择的生活

我说

生活的无从选择来自心灵上坚持的缺失

二

夏天似乎乘着匆忙赶来

那年的故事

美好得令人窒息

空气里淡淡的薰衣草味弥散在

细枝末节的角落

最后

流进十八岁少年的心

三

一起走过的旧时光

淡忘在遥远的过去

就像

朦胧雨季里撑开紫色雨伞的你

在青石板刻下的弄堂里留下的脚印

然后演一场关于相遇与别离的闹剧

走失相遇间狭小界点

放弃缘分后无奈悸动

生命的流光溢彩

在紫色的忧伤里尘埃落定

四

映夕里的海市蜃楼

你说有晨曦海的味道

站在礁石上的我

波浪把思绪打散重组

烦闷，不舍，就像一缕烟迹

从灵魂里溢出，溢进世界的尽头

"明天会是晴天吗？"

"仅是加带一柄雨伞！"

这是你说的

"可是，

还会是那把紫色的吗？"

第五讲
家庭与行为文化建设

5.1 行为文化下的"儿童观"

5.1.1 学校教育必须关注家庭教育

有报道说，西安某校多名学生因背书差遭教师暴打；也有报道说某地高二学生疑因压力大而跳楼自杀，曾因玩手机与家人争吵；更有报道说，两个月来，沈阳发生了几起中小学生因各种原因走上自杀道路的极端事件。

这些报道出来以后，不少人将这类问题归因于时下的学校教育，但笔者更为担心的倒是事情发生后一些家长的跟帖。这些跟帖的背后，是"万般皆下品，唯有读书高"的传统观念在作祟。不少家庭的教育理念是"吃得苦中苦，方为人上人"，成功的标准就是有高收入，有好享受。2015年六一前夕，广东清远就有不少家长带着自己的孩子去参观一套价值400多万元的豪华别墅，以激发孩子的成功欲望。正是这样的理念和认识，才有了"要是我孩子，我就支持老师"、"我也是孩子的爸爸，如果老师只体罚到这程度，我还是要点赞的"之类的神跟帖。也是六一前，西安民办初中进行"小升初"综合素质阶段性评价，4万余小学生赶考，3000余名家长将考点挤得水泄不通。

由此可见，中国的基础教育遭人诟病，需要反思的恐怕远不仅仅是学校教育，还有家长的观念，乃至整个社会的风气。

受人追捧的"虎妈"、"狼爸"现象就是一个很好的证明，看看他们的家庭教育，除了独裁与专制，还有什么？不少家长，就是这样一边痛批着应试教育，一边不择手段地强迫自己的孩子成为应试教育的牺牲品，理由往往只有一个：不能输在起跑线上。为了孩子的学业，为了不让他们掉队，为了他们能考上一个好的大学，家长的普遍态度就是除了学习，孩子的玩乐与休闲都是要控制的，更有甚者，除了学校布置的学习任务以外,家长们还会给孩子另外布置任务。

许多家庭的孩子从一出生,父母们就为他们谋划着未来的每一步。为了这些规划的实现,我们的家庭教育忽视了孩子应有的权益和心理需求。在他们看来,对孩子的体罚、变相体罚比起孩子未来的美好生活,就算不了什么了。所谓"严是爱,松是害",想要有美好的未来,就要孩子学会克己、自控、勇敢、坚毅,绝对服从父母、服从老师,永不反抗。至于体罚,只要没伤筋动骨,没有危及生命,那就是小菜一碟了。

所谓可怜天下父母心,父母的苦心表面上看来都是为孩子,说到底还是为他们自己。他们需要孩子光宗耀祖,需要孩子为门楣增光,更需要孩子为家长圆上自己当初没有圆的梦。实际上,孩子只不过是他们的一个工具而已。正是这些错误的价值观让家长们忽视了孩子的心理健康,忽略了生命成长的规律。不少家长们也清楚,成大业者往往不是在学校里成绩最好的那些人,考试成绩原本就不能说明什么。但输不起啊,我们的家庭教育就这样成了应试教育的"帮凶"。

为人父母,需要明白这样的基本道理:要想孩子有健康的发展,就要有健康的家庭教育。健康的家庭教育首先要理解孩子的实际需要,为他们满足自己的需要提供支持与帮助,而不是强迫他们实现我们的期待;更要正确地看待孩子的学业,要明白孩子当下的学业未必能决定他未来的生活,真正能决定孩子未来的是他的生活态度与价值取向;更要明白的是,对一个具体的生命而言,成长才是第一位的,良好的生命成长需要的不是压抑与束缚,而是自由与放松。

亲爱的家长,如果真的为了孩子的未来,不妨"把你的大皮鞋从孩子的脖子上拿开,研究他们的需要(而不是你的需要),不要被专家蛊惑,暂时停下输赢的竞赛游戏,重新建立起孩子与第一手经验的关系",我们的孩子"才会获得有规律的轻松感和正面体验,如安全、可靠、信任、自我价值、信仰和希望",才"能清晰地感受到自我以及与外界的相联,这其中包括对他人、对生活、对自然的同情、尊重和宽容"。唯其如此,他们的未来才有希望。

如果真想走出基础教育的困境,不妨试着从我们的家庭教育开始——改变观念,转换方式。

从这个视角来看，行为文化建设还有一个任务就是要将学校教育与家庭教育联系起来，相互协作，相互影响，共同前行。

5.1.2 如何看待品质？

我们怎样看待孩子会不会吃亏的问题。还有就是我们想孩子吃亏，还是不想孩子吃亏？俗语讲，吃小亏占大便宜，有一定的道理。一个人总想占便宜，这样能够在社会上立足吗？我坚信老实人终究不会吃亏，但小亏肯定要吃的。比如说像我这个人说话也不注意，有的时候做起事来硬邦邦的，会得罪许多人，但是当跟我相处时间长了以后，或者若干年过去以后，很多人会觉得我还不错。因此，问题还是在于我们怎么看待。

诚实是美德的基础，我们的孩子一定要让他成为一个诚实的人。文章《妈妈你给我再吃口奶》，就讲一个孩子很小的时候，从人家那里顺手拿了一点东西，而父母没有管，后来成为习惯，到最后被抓，要行刑了，孩子觉悟了。因为父母没有履行应尽的责任，看到孩子不好的行为没有及时纠正，所以酿成了这样的后果。因此，这些古老的故事仍具有它现实的意义。孩子会说谎，我们要做的就是分析孩子说谎背后的原因。

我们首先要明白孩子说谎很大程度上是为了免受处罚，因为有很严格的家教，家长这不准干那不准干，他知道干了以后回家要受罚，所以他选择说谎，因此，我们要宽容孩子，不能老要求他这样，要求他那样，就算要求也不能太过分。

我认为，错误是最重要的生活体验，没有过错就不可能明白事，许多事理都是因为有了过失以后才明白的。今天犯了错，同样的错误如果自己审视了，下一次就不会再犯。所以要让孩子明白犯错是正常的，问题是这一次错了下次不要再错，不要说"不允许错"，也不要动不动就惩罚。

第二是出于无奈，尤其是几个小朋友一起犯错误的时候，孩子习惯把责任推给别人。因为在他很小的时候，家长就教他怪地、怪凳、怪桌子，所以当他犯了错，他想到的是把责任推给别人。另外一个原因就是几个小朋友一起犯的错，如果他承认了会把其他伙伴牵扯进来，所以他要说谎。

第三是为了讨家长的欢心，这个事情明明不是他干的，他说是他干的。比如在幼儿园老师喜欢用小红花来表扬孩子，但有的孩子没有得到一朵小红花，他就把别人的一朵拿过来，贴在自己额头上带回来。因为家长在家里就对他说希望他拿两朵花，今天拿了一朵，明天最好拿两朵，最好后天能够拿三朵，怎么可能呢？孩子做不到怎么办？只有说谎。小孩子很会揣度父母的心理，为了迎合家长就要说谎。

第四是因为缺乏安全感，现在我们的孩子没有安全感，尤其是打工子女，他跟着爷爷奶奶，如果爷爷奶奶再要是抽抽烟、喝喝酒或赌赌钱，他就很没有安全感，没有安全感他会说谎，这个大家要明白。

最无奈的是什么？我们对孩子的期待过高，要求太高，为什么会这样？因为我们想要的没有得到，就把希望寄托到了孩子身上。比如说我们夫妇两个，我没有上过大学，因为众所周知的原因插队了，恢复高考那年我考取了通州教师进修学校，上了十个月就开始做初中教师，做初中教师再做高中教师，我是这样一步步走过来的。我夫人是南通师专的大专生。我们两个人总是希望我们女儿考的学校要比我们好一点，考一个正规的学校。

每个人都是这样，我们总希望孩子要考清华考北大，可清华北大真的那么好考？再说，考上了清华北大又怎么样呢？我们江苏省第一块奥赛金牌得主，前年在美国跳楼自杀了，自杀后国际广播电台到南通来采访，也采访了我。什么原因呢？还是因为他希望过高，而且不懂得人际交往，他在美国做了一个公司的中层干部，不善于跟人相处，40来岁得了抑郁症，就这么扔下夫人跟两个孩子，自己跳楼自杀了。

为人父母，我们要给孩子准确定位，准确定位不是你告诉孩子、要求孩子要怎么样。你心里要有一个准确的定位，你的孩子究竟是什么样的，你自己要清楚，不要提过分的要求。我们这一代，兄弟姐妹多，家里老大老二老三的孩子一个个都考取了大学，到老五,也一定让他的孩子考取,否则在兄弟面前就抬不起头来,往往是这种心理在作祟,所以有时我们对孩子要求太高,孩子做不到,就会说谎。

要使孩子不说谎就要以身作则,我们在小事情上一定要给孩子树立榜样,夫妻之间难免磕磕碰碰,那么你要诚实,是你错了就要让步,不认错至少不要跟老婆或老公吵闹,给孩子树立榜样。

要摸准孩子说谎的原因,对症下药,没有找原因,就用一个方法来处理是会出问题的。另外有的时候父母是可以选择视而不见的,就当做没有这回事,或者有时候不要急于揭穿孩子,可以过一段时间遇到其他事情的时候,顺带提提,可能效果更好。

5.1.3 独立与分享

今天我们家庭教育最大的麻烦在哪里?现在的家庭基本上都是独生子女,而且又是住在火柴匣子似的家里,没有兄弟姐妹的交流,又缺乏邻里之间的交流,这一点必须引起我们家长的高度重视。我们既要培养孩子独立自主的意识,又要注意培养孩子跟别人分享的习惯。要坚信,孩子是有能力跟别人交往的。但我们现在教给孩子的是什么呢?从小告诉孩子一个人不能独居,我们说房子里有鬼,过去还有狼来了。这些教育会导致许许多多的孩子不敢一个人睡,这一方面是一个自主的问题,又是一个习惯的问题,同时也是一个孩子与人交往的问题。现在孩子依附性太强,旁边一定要有父母,一定要有大人。

我家孩子从三岁开始,我们就让她一个人睡,我朋友家的外孙女从生下来就让她一个人睡。独处是交往的基础,但是独处又可能导致孩子自闭,不愿意跟他人交流,所以有机会要把孩子带到人群中去。我记得我当年刚刚从一所初中调到一所完全中学的时候,有一个同事的孩子,见人就哭,不愿意跟人交往,于是我就天天跟他玩,吃中饭的时候我问他有没有吃早饭,吃晚饭的时候我问他有没有吃中饭,大概过了一年的时间,这个孩子整个状况都变了。

教师的孩子要好一点,有时候会带到学校里去,让孩子接触更多的人。很多孩子的父母为了工作,经常早出晚归,父母出门的时候孩子还在睡,回去的时候孩子又睡了,一年难得跟孩子在一起,连跟孩子在一张桌上吃饭的时间都没有,何谈其他的交往。

之前看到过一个微博,有人问什么是温馨的家庭?我认为温馨的家庭就是一盏灯下面有一张桌子,桌子上坐着一家三口在那儿吃饭。大家回想一下,我们有多少时间能陪自己的孩子吃饭。我家住在学校的教工生活区,如今我从教师培训中心下班,就看到很多孩子父母到学校去送饭,其中有老师跟我住在同一楼,也给孩子送午饭。

时间是宝贵的,如果长此以往没有机会跟孩子一起吃饭,将来等孩子考取了大学,参加了工作,这种机会会更少。孩子与人交往的基础在于家庭中的交往。家庭教育最重要的因素是什么?或者说最重要的方法是什么?就是父母能够经常跟孩子聊天,一个跟父母无话不讲的孩子再差都不会差到哪里去;一个跟父母都没话讲的孩子,再好也不会好到哪里去。我们往往因为忙很少跟孩子谈心。但也要注意谈话不是在饭桌上念经,不要说"你今天考得怎么样?""人家的孩子怎么好?""你怎么这么差呢?""你看看再上去三分,你不就变成了第一名吗?"这类的话。第一名就那么重要?吃饭就是吃饭,古人云"食不语"。想想孩子一天到晚难得跟你在一起吃顿饭,吃饭的时候就听你一个人在那儿絮叨,如果要说话应该听他跟你说话,而我们家长不重视这个问题。

5.1.4 孩子的自主

很多人问家庭教育教什么?或者问怎样才能让孩子赢在起跑线上?我觉得解决问题的一个关键,就是培养孩子的自主能力。但是我们家庭教育最大的麻烦恰恰在于不相信孩子,什么都给他包办好。而日本的儿童教育、幼儿教育、对孩子的家庭教育是从什么开始的呢?从自己擦屁股开始,日本的家长要求孩子上厕所屁股一定要自己擦干净。我们呢?是什么都包办,甚至吃饭我们也要把饭嚼碎了再放到孩子嘴里去。

另外孩子穿衣服、洗袜子、洗手套，自己的生活起居自己安排，这些就是自主。再比如说小孩子刚刚学起步的时候，总是会摔倒，摔倒以后没有大人在旁边的时候，他会很快爬起来，但是有爷爷奶奶在，有父母在，他不但不会爬起来，他还会哭，他一哭爷爷奶奶爸爸妈妈连忙跑过去，问摔在哪里了？疼不疼？我们还会说这个地太硬了，还要用脚踩踩地。大家不要小瞧这么一个动作，这个动作给刚刚懂事的孩子的暗示是什么？是教他们把责任推卸出去。

　　我们应该鼓励孩子自己站起来，或者不要将这件事夸大，让孩子认为很正常，并提醒他下次注意就可以了。

　　再比如说吃饭，我记得我老兄的孩子生下来以后，到了吃饭的年纪就是不吃饭，爷爷奶奶喂他饭，有的时候还要让他骑在肩膀上，哄着他开心让他吃，但是他就是不吃。我的孩子从来不喂，而且即使其他东西吃得再多，没有吃饭她就认为没吃。我们现在给孩子吃的都是精品，比如说牛奶要挑进口的。我认为给孩子吃一定不能挑剔，不能讲究，可口可乐等碳酸饮料其实是不利于儿童骨骼发展的，甚至会影响儿童的智慧，这类东西我们要杜绝。吃饭一定要让孩子自己吃，这就是自主。

　　有一位诺贝尔奖获得者成功以后，有人问他，在你的成长道路上，哪位老师给你的影响最大？他说的是幼儿园老师，因为在幼儿园他学会了分享，学会了物归原处。我们知道从事自然科学研究，一个最重要的素质就是要会分门别类，就是归类。我们应该从小培养孩子物归原处以及按先后顺序放置物品的习惯。

　　比如说穿衣服要思考先穿什么后穿什么？同样要让孩子养成吃普通食物的习惯。记得我孩子生下来大概两个月，我就让她吃泥螺，为什么？因为我是石港人，那边人人都吃海货，而我夫人不是我们那的，她就没有吃海货的习惯，吃一下就会拉肚子，然后持续几天，我也跟着受罪。所以，我孩子生下来两个月，我就拿着泥螺让她舔一舔。人的好多习惯都是从幼儿和儿童时期形成的。

　　饮食、衣服等用品从小不要给孩子提供高档的，越普通越好。很多事情都是一种习惯的养成。有一年高考作文是一幅漫画，叫《妈妈爱吃鱼头》。说的是从那个孩子懂事起，妈妈就是吃的鱼头，鱼肉都是给孩子吃的，孩子就形成了思维定势，以为是妈妈喜欢吃鱼头。但我却刻意培养孩子学会分享好东西的习惯，到现在我丫头她有东西总是先给我吃的，因为从她开始懂事起，凡是有吃的东西，我就坚持先我吃然后她吃。

我们总是埋怨孩子不孝顺，那是因为家长没有让孩子从小懂得好东西要跟别人分享，我孩子今年三十岁，每天都会跟我通电话，一般晚上是九点多钟通电话，有的时候下午五点多钟打过来。如果有采访或其他事她会提前跟我说，怕我找不到她担心。现在有多少孩子还牵挂着父母？

5.2　教育者的自我修炼

5.2.1　家庭教育需要理论指导

我们在做行为文化建设时意识到一个问题，即家庭教育需要一些理论支撑，不能随便，就是养猪养鸡也要有科学依据，定量喂食、光线、温度等等都需要考虑，何况我们面对的是孩子。但恰恰在这点上，很多人都忽视了，习惯于靠经验来教育孩子。

比如，我们有没有考虑过家里的味道？恐怕很少有人会去考虑这一点。我觉得每个家都有自己独特的味道。比如家里来了其他人，我一进家门可能就会察觉今天家里味道不对，如果是熟悉的人，我还能讲出是谁来过了。这个其实也是家庭环境或氛围的问题。

《脑的争论》和《受教育的脑》两本书给我的感觉是，一个人能走多远，重要的不是教育，而是遗传因子和环境。最重要的环境是家庭环境，更细一点是父母营造的环境。我看到一句话，说的是我们能做的其实就是搭桥。但有了桥不一定都能走过去，反过来讲，走过去了不一定都能走上阳光大道，最终究竟走什么道？是由遗传因子决定的。

怎么解释这个问题？我经常讲做教师是要有天分的，同样从事其他任何行业，也是要有天分的。那么各位朋友要问，我学的语文，现在在做会计，这个与天分有关吗？但我们想想，每个领域里都有顶尖高手，同样是干这个行当，为什么别人能够干得好而我不能？而且我的努力并不比别人少，甚至人脉并不比别人差，但就是干不好。这说明这个行当我不是最适合的，科学研究证明，人的潜能至少有七个方面，有本《多元智能理论》说的就是这个，做家长的不妨读读。

有的人口若悬河，有的人心里明白就是说不出来，但是你叫他做手工他比任何人都做得好，一个是语言的技能，一个是运动的技能。我们让孩子学画画学书法，也有天分的问题。最典型的是唱歌,有些人就是唱得好听,别人再怎么练习也比不上。

我有一位高三的学生上课总是睡觉,到高考前两个月,班主任问我怎么办?我看这个孩子比较胖,我们学校又很重视音乐、美术等特长教育,于是我把教音乐的老师喊过来,让他看看孩子的嗓门怎么样。音乐老师把他喊过去,让他唱了两句,回头对我说这个孩子练一练有希望。我说那行,就让音乐老师帮助他练习,两个月后果然考音乐考取了。这孩子后来成了一位老师。

孩子最适宜干什么不是父母和老师能决定的,遗传因子、固有的素质决定了他未来的人生,教育要以孩子的天赋为基础,但是我们往往忽视这个问题。

《脑的争论》《受教育的脑》里面谈了这样几个观点:第一,很多时候我们能做什么是由基因决定的。第二,理解需要一定的背景,比如说阅读,如果没有阅读的经验,之前没有读大量的材料,就让一个人去看一本有难度的书他是读不懂的。经常有人跟我讲,你看这些书我们怎么看不懂,我说看多了就懂了,不仅能懂,而且会通,因为同一类书说的道理都是相通的。

5.2.2　重审什么是好教育

有一次家长会,我与家长们分享了当天上午我与同仁们去医院探望一位副校长和另一位中层的老父亲以及一位退休的老同志的感受。

我们总是期盼着我们的孩子能够远走高飞,但是我们很少去想他们远走高飞了以后,我们到了老年该怎么办。看看这几位躺在医院病床上的老者,不是兄弟姊妹在伺候,就是自己的老伴在伺候,还有的请了护工。不是儿孙不孝顺,只是儿孙有儿孙的工作,走不开。与我们相比,他们还有兄弟姐妹,还有几个孩子。我们呢?就一个啊。我夫人常常同我开玩笑说,她一定要先死的,谁先死就是谁的福分啊。这样的玩笑,其实充满了苦涩。譬如,那年我车祸了,丫头风风火火赶回来,也就在家呆了一两天,然后就只有电话了。伺候我的,就是夫人了。

我同病房一位伺候老头子的老太太说，我们的将来恐怕远不如他们了，我深以为然。事实上，不是我们和我们的子女不孝顺，只是身在远处，身不由己。我们现在总想着一定要让孩子考出去，要有个什么出息。其实大多不是为孩子们着想，而是为了我们的面子，为了光宗耀祖。我们很少去想孩子们的难处：考不好，给父母丢脸，毕业了没工作，给家庭增添负担。他们的内心远比我们急躁，只是没同我们述说而已。

从小到大，我们给他们灌输的都是，某某人家的孩子怎么有"出息"，所以这些人家的孩子早已经成了他们的参照系了。我们总是理直气壮地讲我们今天所做的一切都是为了他们好，但很少意识到正是我们对孩子的"为了你好"害了他们。因为我们的"为了你好"其实质是为了我们自己好。

我问了一位长期在城市打工的家长，现在还愿意回乡村生活吗？他摇摇头。我问是因为外出打工能赚更多的钱吗？他说不仅仅是这样，还因为现在已经适应了城市生活，而且尽最大的努力供养我们的孩子读书，考大学。我们有没有想过，这样的情况，会不会也给了孩子一种无形的压力，当我们对孩子的要求和期待超过了孩子的心理承受能力，就可能会给孩子带来意想不到的危害。我告诉家长，在我从教的三十多年间，几乎每一届都有因为精神压力过大而生病的。我们是想孩子健健康康的生活，还是想让他们为了达成我们的夙愿而不惜以生命健康为代价？

我告诉家长们，我们夫妇从来没给孩子提过什么考试成绩的要求，但她高考结束后，给了我这样一句话：爸爸你知道吗，做你的女儿有多难！我这才知道她在高中阶段所承受的压力有多大。我还告诉家长，其实我们都如同那对父子与他们的子女一样无助，这种情形下我们能做的就是，多给孩子一点关爱，少提一些要求。其实这关爱也简单，就是能让你的孩子在你的脸上看到你的疼爱，在你的话语里感觉到温暖，如此而已。

5.2.3 阅读，对家庭教育至关重要

在我们的传统文化中，"读书"一词常等同于"教育"，譬如"墨水"一词就特指一个

人的受教育水平。在这些口头语中，我们多少可以看出"阅读"对教育有多么重要的意义。但在家庭教育中，甚至在学校教育中，很多人反而忽视了阅读。

令人可叹的是，今天我国居然成了世界上人均阅读量比较少的国度，而在我们的家庭中则又将"读书"引到了另一个极端，即只注重"阅读"一些辅导资料，几乎没有出于滋养生命、丰富内心、提升素养需求的阅读。更可怕的是当一些有识之士和相关机构团体意识到这种趋势可能带来的危机而倡导阅读推广活动的时候，又有一些人从中看到了某种商机和扬名立万的契机，或推销低劣作品、盗版书籍；或借机实现"著作等身"，以独占鳌头，赢得拥趸千万。"家庭教育"正成为攫取暴利的新土壤，如此这般的伪阅读就这样慢慢地达成了某种利益共识。出于滋养、润泽的阅读推广就这样失去了她的美好初衷，这种异化，多多少少，让人感到了那些"读书人"、"著书人"和阅读推广机构的自欺欺人。

学校教育对家庭教育多少有些借鉴意义。有许多学校在阅读推广中以非凡的魄力给我们带来了希望的曙光。最为典型的恐怕就是浙江鄞州高级中学无墙、无门、无岗"三无"的图书馆了，另外在一些小学，教学楼的每个楼层都有书柜、书架、书桌，有的学校还搞起了图书漂流活动……尽管在全国范围来看，这些也许只是星星点点，但是阅读推广的希望或许就在这里，教育变革，或许可以从这里突破。

上述两种情形从某个侧面告诉我们阅读的重要性，以及在形式上不断创新的可能。每一个家长，每一位孩子，都要从净化自己、提升自己的角度出发，寻找摆脱趋利化、市井化等现实的桎梏并获得力量的契机。阅读推广机构和推广人更要在如何将阅读一步步地做实、做稳、做久，进而使之成为一项为孩子一生奠基的工程等方面下功夫。因为阅读，绝不仅仅是孩子在学校三五年内所必修的功课或技能，而是作为一种人生素养和精神境界，注定跟随他一辈子，也注定将成为他"文化基因"中区别于他人的最显著标志。这不是靠推荐一批书目，搞几次阅读征文那么简单的事。首要的恐怕是要纯洁动机，抛却利益乃至个人的私利。

家长要解决的则是"眼界即边界"的问题，尤其是家长不读书，就难有足够的视野，他对"阅读"的理解就难抛却短视和争利的偏见。家长一旦成了读书人，就有可能站在更宏观、更人性的立场去审视孩子生命价值的归属，就有可能从涵养孩子生命的立场来策划和引领孩子的阅读活动。

如果家长是个读书人，他就会认识到阅读对儿童的自我理解、实践和体悟的作用，并且阅读将直接影响他们的生命状态。我们与其对孩子大声疾呼"阅读"，不如先将自己的"阅读力"提升上去，沉下心来让自己真正成为"读书人"，去体会读书之乐，去分享读书之智，去传播读书之道。孩子若在其中每天耳濡目染，能不爱上阅读吗？从我的经验来看，不管是家长的先行阅读，还是孩子的阅读拓展与进步，首先要解决的是内驱力的问题，当阅读成为一个人生命需要的时候，不阅读就会感到失落。

当然，人总是有惰性的，何况在这个读书无用论盛行的时代，没有相关的推动措施，要想让大家自觉地阅读，那也是很困难的事情。因此，家庭中要建立一套行之有效的激励机制，要在共同协商的基础上形成一套人人参与的游戏规则，让每个人都能在规则下成长和进步。这样的规则就是一种价值导向，它像一只无形的手，推动着孩子快速生长和成熟，帮着他们找到兴趣增长点及人生的阶段坐标。

无论怎样的规则，难免是冰冷的，所以我们还要营造浓郁的人文气息并给予一定的关怀。

就阅读的内容而言，我的看法是可以适当驳杂一些、宽泛一些。对孩子来说，他们的逻辑思维和人生阅历还略欠于成年人，只有通过更多的知识贮备和累积，才可能融会贯通为我所用。这就需要家长悉心地为他们指导，毕竟现如今的图书良莠不齐，即便是我们所说的经典，有些也是夹杂着不少糟粕的，所谓国学经典更是如此。家长要做的是让孩子明白，阅读不是一件可以立竿见影的事情，阅读是一种生命的滋养和浸润，它的回应或许在明天，或许在将来。试想一下，要是哪一天原本枯燥的课本知识在我们的某次阅读中被我们"巧遇"，那将会给我们带来怎样的心灵震撼，那情景又将是怎样的美妙！

5.3 父母需要特别注意哪些问题

5.3.1 不要小看"聊天"

记得大概四年前,我做校长时,老师们要求我给高三理科班的学生上堂作文课,因为老师们觉得高三学生尤其是理科生的作文很难教。那次在我上完课之后,一个同事跟我讲,凌校长你这个课上得太简单了,适宜给初中生上。我说你这个话讲对了,写作到高中要想有明显的进步几乎是不大可能的,语言表达的关键发展期在高中以前。之所以孩子作文写不好,是因为在关键的那个时段没有把握好,当然这也不是无可救药,需要老师多加训练,训练还是有成效的。

我女儿的语言表达能力比较好,文笔也好,我觉得家庭教育很重要。如果说成功的原因,我个人回想起来就是我天天会跟她聊天,什么都聊。所以在聊天的过程中,我女儿学会了用"之所以"、"是因为"、"原来"、"但是"这些关联词,逻辑思维能力变强。

因此,要加强孩子的表达能力,很简单,多陪孩子聊天,另外暑假、寒假尽可能带他出去走走,让他说说看到了什么,比如同样是海边,青岛的海边跟威海的海边有什么不一样,让他说给你们听。如果家长自己没空,可以让亲戚或朋友出去的时候带去。在我女儿小的时候我做教导主任,没有太多时间陪她出去,我的孩子就经常和我的朋友、同班的老师出去,一出去就是半个月。所以家长要多让孩子出去走走,回来了以后让她说给你们听听,看到些什么,有些什么开心的事情或遗憾的事情,多和孩子交流。

当然还有一个途径,就是让孩子有丰富的阅读,或者说有充分的阅读时间。现在的家长好像除了让孩子读教材、做练习,其他都不允许,电视也不允许看。我家孩子从小学到高中,除了在学校里寄宿,回家都是看电视,电视还非得看到"再见"不可。我们从来不干预，因为适当看看电视也可以增加孩子的见识。如果没有一定的储备，你叫孩子怎么去写文章？

还有听觉跟视觉都是用进废退，你用它，它就会发展，你不用它，它就会退化，所以有早教人士说儿童的玩具车上面要挂一些彩色的气球，干什么呢？让孩子认颜色，促进他的视觉发展。人脑的发育也是从视觉跟听觉开始的，为什么聋哑人既聋又哑，就是因为听不到所以就不会说，不会说也就不会听，这两者往往是共生的。做父母的要多跟孩子交流，要带他出去见识世面。

孩子的语言表达很大程度还受母亲的影响，母亲不善于言辞，孩子有可能也不善于言辞，因此孩子成长到一定的时候，母亲一定要善于表达，那个时候他能听得到。看到一条微博，说的是一位女性怀孕以后发现自己患了白血病，然后瞒着家里不用药，后来被家里人知道了，一定要叫她用药，她坚持不用。结果生下来的孩子是健康的，孩子的造血功能弥补了母亲的造血功能，使得母亲的指标正常了，很神奇，说明母亲和孩子之间相互联系，相互影响。

再者，交流不应限于父母、家人或同性朋友。孩子跟异性孩子交往也是正常的，不交往才不正常，不跟异性交往的孩子往往在婚姻上会出问题，成家以后也会出问题的。"窈窕淑女，君子好逑"这是常识，到了一定的年纪，喜欢上异性的时候，也不一定就是早恋，可能只是喜欢，是应有的人际交流。我们经常讲男女搭配干活不累，想想看，总是一帮男人在一起干活，或者总是一帮女人在一起干活会怎样。

如果要叫我谈我们家庭教育的失败在哪里？我觉得就在于没有教孩子谈恋爱。尤其是她母亲一再跟她讲：你现在主要任务是学习，不要跟男孩子交往。

我有一个朋友，他的孩子上二年级，他说她居然收到男孩子的情书。这个问题需要我们正确引导，异性相吸这很正常，一个不被别人喜欢的人，将来怎么跟人相处？怎么走向社会？其实，你的孩子有异性孩子喜欢，是一件值得庆幸的事情，因为他已经长大了，同时说明他有魅力。

5.3.2　赏识教育不是小事

怎样赏识孩子才能使其进步？在行为文化建设与强烈的应试教育势力做抗争的时候，我有四点感受，或者说是意见。一是正视现实，人跟人是不一样的，人比人气死人。比如说我家兄弟三个，又各生了三个孩子，老大的孩子比我的孩子大五岁，老二的孩子比我家孩子大八个月。老大的孩子上小学、中学时，成绩一直很好，老二的孩子上小学、中学时成绩一般，我女儿的学习成绩也还不错。老大的孩子现在在一个跨国公司搞 IT，收入最高，老二的孩子做审计师，而我的孩子现在是记者。成绩并不决定孩子的未来。同样即便是我家孩子，数学从小学到高中一直不好，小学就没有考过 100分，最多考过 93 分，但我想问的是：小时候成绩不好，长大一定成不了大事吗？所以要正视这样的现实：每个孩子都有他的长处，都有可能成功，不能以一时的成绩好坏作出论断。

所有的孩子普遍存在一个问题：粗心。但粗心的问题不是靠打骂就能够解决的，家长要给予孩子慢慢改正的机会，让他自己改正，然后慢慢提高要求，稍微少错一点，不错是不可能的，家长要正视这样的现实。

二是经常鼓励孩子，你能行。你要让他明白：你跟他一起努力一定可以达到他想要达到的目标。我们家庭教育的问题在哪里？在于一些目标往往不是孩子想达到的，是我们父母，甚至是我们爷爷奶奶要让他达到的，他是被我们强迫的。所以，要让孩子自己树立目标，并且当你看到他在一点点进步时，就要欣赏和表扬。表扬可以帮助孩子建立自信，让他变得优秀。

三是学会反思。孩子学习成绩这件事，家长的要求不能过高。考得好与不好都要鼓励，鼓励的同时，要让他分析这次为什么考得好，或者不好。分析的过程就是反省，也就是我们经常讲的反思。反思是促进人进步的动力，我们为什么事情做不好，或一做就错？因为我们不知道错在哪里。

我们往往迷信家教，孩子数学不好，找个老师补一补，但现在有的家教怎么给学生补课的？学生到老师家里去，每个人发一张试卷，做好了再一起讲一下，就结束了。真正的家教应该要诊断孩子某门学科学不好的原因。比如数学。数学不好并不是所有方面都不好，有的是运算的问题，有的是书写的问题，还有粗心的问题，或者某个知识点的问题。如果想请家教老师，家长要做的不是听别人说那个老师怎么样，或者他有特级教师的头衔，或者他是个什么名教师。真正要做的，是跟老师聊一聊，孩子问题出在哪里？请老师对孩子作一个比较准确的判断，然后看这个老师的判断跟你的判断一样不一样。

四是个体差异。所谓的成功，并不是用考试成绩和考取大学来衡量的，不应该过分地将自己的孩子跟别的孩子做比较。孩子之所以是现在这样的状况，是夫妇二人共同影响的结果。

每一朵花都不一样，月季尽管月月开，但是开的状态也不一样。春天有春天的花，夏天有夏天的花，冬天有冬天的花。孩子也是这样，每个孩子的觉悟期也是不一样的。女孩子的语言表达能力发育得比男孩子早，男孩子最迟可能是要到四五岁才能够很流畅地表达，很多小女孩两三岁的时候就能说得头头是道的。这里有性别的原因，也有环境的影响。

研究证明，低文化层次家庭的孩子，跟高文化层次家庭的孩子理解同一个问题是有差异的，基本倾向是文化层次低的家庭的孩子，不如文化层次高的家庭的孩子。但是也不能一概而论，有许多老师的孩子从世俗的角度来看，并不能考上很好的大学。但我们不能只用考不考得上好大学来衡量，考得怎么样，它只是一个因素。

其实文化层次不同，社区也就不同。社区，即是你家所住的地区。比如，行政中心周边家庭的文化层次或者社会地位基本上是一致的，但另外一个社区就不一样，不同社区的文化素养会影响孩子的素养。还有一个基因问题。有的人天生就是一个音乐家，有孩子生下来跳舞比舞蹈演员还好，但是让我家孩子也这样，可能吗？这要看孩子有没有遗传因子，不要盲目地跟别人比。

孩子的能力和发展还跟环境有一定的关系。这个环境,我一再强调是父母给他提供的环境。比如说过去在四世同堂、三代同堂家庭中成长的那些孩子的人际交往能力就比现在独生子女要强得多。为什么? 因为如果家里有多个小孩,哥哥姐姐会照顾弟弟妹妹,彼此会谦让,有的时候也会相互欺负,但是小的被欺负的时候他会告状会反抗,这就是交往能力。交往能力就是懂得遇到事情如何处理。它是在跟人的交往,是在跟社会、自然的交往中建立起来的。

5.3.3 不要"设计"孩子

徐州有一位七十几岁的老先生曾给我留言,他孙子期末考试考得很好,2013 年下半年他给我留言说,他的孙子被学校老师认为是多动症,问我能不能在徐州给他找一个学校让他孙子转学。我的建议是让他不要轻易地给孩子下结论,多动症的判断没那么简单,要有科学依据。家长、老师,尤其是幼儿园的老师往往很容易对那些好动的孩子作出其得了多动症的判断。我们都是活生生的人,一个小孩子在那儿一动不动,是好事还是坏事? 尤其是男孩子,不跟别人打闹,不拿别人的东西,是好事还是坏事? 打打闹闹、哭哭吵吵,甚至于把别人东西拿来占为己有都是很正常的。如果没有这种行为,反而是我们做父母的应该担心的,女孩子也是如此。

后来,这位老先生听了我的建议后带孙子到心理医生那边做了诊断,心理医生的诊断跟我的判断基本上一致,说孩子是好动,但是还没有到多动症的地步。这位老先生的父亲本身也是一位教育家,是民国时期的教育家,对家庭教育也很关注。我记得这位老先生的父亲在民国的时候出过一本书,叫《现代儿童家庭教养研究》,一本很薄的本子,中国大陆没有出版,台湾在前几年有过再版。一些教育的理论和知识老先生还是具备的,就主动去跟班主任和学校领导进行了沟通。

还有上海的一位博士给我留言,说他亲戚家有个孩子高三,考得不好,问我能不能在南通找一所县城的中学再复读一下。我回答他说现在基本上不可能在正规学校复读,如果要复读我们这里有一所技校,但是我建议不要复读,为什么?因为复读了不一定就能考好,而且这次没考好也不能决定孩子的未来。我身边有一个朋友,夫妇俩人都是老师,父亲还是很有影响的高中数学老师。孩子上小学时就很调皮,初中、高中,从来没有考过高分,高三的时候,每次考试都是全班的倒数,高考也只考到能上一个专科的分数。因为父母都是教师,圈子里也有领导愿意给孩子找一所学校再复读一下,但父母坚决不同意,结果孩子就上了一所很普通的专科学校。之后上了两年专升本,本科毕业以后考取了国外一所大学的硕士研究生,毕业后被一家公司录用。工作不到一年,2014年又考取了国外某高校的博士。对于人生来讲,上大学很重要,但走上社会之后的努力也很重要,不能以一次考试论得失。

5.3.4　自己的孩子自己带

家庭教育中有个无法回避的重要问题是:孩子该不该让自己的父母带?其实,现在不是该不该的问题,许多情况下让自己的父母带孩子是无法回避的,尤其是对外出打工的人来说。但一个总的原则是:自己的孩子自己带。比如说我们这个年纪的人,出生后经历了三年自然灾害,吃不饱的时候我没有吃过一口母乳,像我们这样的,父辈往往会觉得有些愧疚,因此在自己的孙辈身上做补偿。爷爷奶奶们对孩子常常比较迁就,这种补偿心理是一个非常重要的原因。

老一辈带孩子,一般孩子要什么就给什么。微信、博客上经常报道,说孩子因为长辈没有满足他的要求,就扇长辈耳光,这些现象大多是小时候这些老人对这些孩子过于迁就所造成的。

另外一个重要原因是教育观念的问题,我们对孩子的要求跟我们父母对孩子的要求是不一样的,这不一样就导致了在孩子的教育问题上会发生矛盾。你认为孩子这样做不对,你父母却认为这是小事情。比如说孩子要穿名牌,我们认为孩子穿衣方面不需要太好,但爷爷奶奶觉得现在经济条件好了,完全可以给孩子买名牌穿。这样就很容易造成家庭教育要求的不统一。

第三个原因是代沟,孩子跟我们本身就有代沟,跟爷爷奶奶就更甚,尤其是我们现在的小学生、初中生、高中生,他接受的教育,接触的媒体,跟爷爷奶奶那个时代完全不一样。所以有时候孩子要做的事情,爷爷奶奶认为不应该做;而孩子不愿意做的事情,爷爷奶奶认为应该做。还有一个更重要的问题,如果我们长期不跟孩子交流,孩子跟我们的关系就变得疏远了,不仅不会有交流,还不会有感情,这个问题很重要。尽可能让自己的孩子在自己的身边,就是这个道理。当然从自己父母身体的角度考虑,我们也不应该让老人带孩子。

5.3.5 抓住成长的关键期

特别需要注意的是初二的孩子,这个年龄段的孩子最难调教,且处在似懂非懂的阶段。如果从功利的角度来讲,他将来能不能考上你想让他考取的学校,初二是一个关键期。家长一定要关注孩子初二这一年的状态,包括身体状态、学习状态,尤其是情绪。初二搞不好,以后想要改是很难的。

初二学生的心理正逐步走向相对稳定与成熟,从思维品质上看,正处于由"经验型"向"理论型"过渡的阶段,抽象思维能力得到进一步发展,已有独立思考的意识,个人智力特征也逐渐显现出来;个人思想道德观念正在逐步形成,对异性的关系逐步趋向理智,个人思想和行为呈现能够理智控制的特点。

初二,是孩子生理发育的突变期,男孩子和女孩子的生理特征也已经出现了,这些因素会干扰他们跟人的交往和学习。这个时段的孩子更需要我们的关爱和指导,要让他明白他已经成人了,应该慢慢地学会接受改变,慢慢地形成主流的价值判断和是非观念。

由于生理心理的变化,初二阶段的孩子似乎热情已经淡去,是一个容易出现动荡和茫然的时期。有的学生会幡然醒悟,奋起直追。有的学生则出现倦怠、厌学和焦虑的情绪。因此初二学生会出人意料地出现成绩迅速跃升或大幅下滑的现象。在知识掌握程度上也有较明显的层次区分,优秀生因成功而获得自信,学习兴趣浓厚;学习困难的学生屡遭挫折,产生灰心、自卑甚至害怕的心理;中等水平的学生,一部分坚持不懈,一部分目标模糊,因此彼此之间容易拉大差距。有的同学原本就有弱科,历经初一一年,深知弱科对总成绩的影响,虽下了很多功夫但收效甚微,进入初二一旦遇到较难的章节,其学习上的漏洞愈加彰显,开始出现畏难情绪,易导致弱科更弱。加上其他干扰因素的增加,比如对异性的兴趣、对外面世界的看法等等。这些问题均有可能导致叛逆和违纪现象的增多。

这个阶段尤其要关注他们跟什么人相处,在看什么电视,玩什么游戏,看什么书。如果孩子进入了这个阶段,要尽可能地多跟孩子在一起,发现孩子细微的变化,然后及时地调整。需要强调的是:孩子教育的好和坏绝对不能用考取什么样的大学来衡量,考取了好大学的孩子,没有成就的也很多。

实际上,教育无非是为了使我们的孩子未来更幸福。孩子的性格阳光,能够友好地跟人相处,遇到事情能够淡然处之,教育目标就达成了。

5.3.6　打骂教育的罪与罚

我们很多家长都信奉"棍棒出孝子,严师出高徒"的古训,我们姑且不论其是不是科学,也不论其是不是符合教育规律,先不妨想一想所谓的"孝子"和"高徒"是怎样得来的? 事实上,许许多多的"孝子"和"高徒"未必就是棍棒打出来、严师带出来的。人和人是有区别的,我们还有"上等人自成人,中等人教成人,下等人打死不成人"这样的古训。也就是说,人与人是不一样的,"棍棒出孝子"这样的古训并不适用于所有的人。

再说所谓的成人,标准也不是认认真真上学,严格按要求写作业,考上重点中学、理想的大学那么简单,也不是所谓的"事业有成"那么狭隘。换句话说,我们眼里的认真、严格、理想,就一定是正确的吗? 如果我们从字面上来理解"成人"的含义,"成"

除了"成年"，至少还应有"成熟"的意思。从这个意思来理解的话，所谓"成人"就当是成为一个心智成熟的人。心智成熟指的不只是生理和心理，还指向一个人的信仰和价值取向。

"棍棒出孝子，严师出高徒"背后透出的理念是传统教育中"上"对"下"的封建专制意识，所谓"君要臣死，臣不得不死；父要子亡，子不得不亡"。正是在这样的理念下，我们家庭关系中本应有的亲子关系和父母对孩子的养育义务就这样简单地以"拳脚相加"代替了。再说"棍棒出孝子"的动机不就是为出"孝子"吗？想想看，在这样的理念、动机下，做家长的会顾及孩子的实际情况吗？会设身处地地从孩子的角度看问题吗？

"棍棒出孝子"之所以会成为家长们信奉的律例，另一方面还在于当下许多年轻的家长自己的心智原本也不够成熟，自身遭遇到困难和压力的时候容易把怨气发泄到孩子身上。当他们对自己生活或工作的期望无法实现时，就将希望寄托在孩子身上，一旦孩子的表现不能令他们满意，他们多半就会采取打骂教育的方式。还有一个更为重要的原因，就是年轻家长往往缺乏现代家庭教育知识，在他们看来打骂最简单、最有效——想想看哪个孩子在父母的打骂面前不会变得"唯唯诺诺"？于是打骂就成了许多家庭教育孩子的不二法门。

长期处于打骂教育下的孩子，不仅会形成表里不一、"见人说人话，见鬼说鬼话"等不良的品质，更有甚者，还有可能形成暴力倾向和报复心理，一旦时机成熟，这些不良品质和倾向就会爆发出来，造成不可估量的后果。

另外，从法律的角度看，家长对孩子进行家暴和虐待属于违法行为，对此《刑法》和《未成年人保护法》都有明确的处罚规定。做家长的，法律法规要认真学一学。回过头来说，就算孩子有错，我们要做的也应是说服引导，尽我们所能给他们提供与之相应的帮助，让他们在实际生活中慢慢开悟。更重要的是，我们这些做父母的要以身示范。试想一下做父母的当年就不爱学习，现在也不爱学习，有资格要求孩子好好学习吗？或者换句话来说，我们这些没"成人"的父母，如果只是想凭借我们手中的棍棒让孩子成才的话，不是痴人说梦吗？

5.4　亲子沟通的新连接

5.4.1　博客是一种连接

推行行为文化建设以来,我始终在思考:除了传统的家校沟通方式外,在网络时代,我们还能做些什么? 从2008年开始,我就坚持写博客,博客的内容各式各样,有教育教学的,有学校管理的,当然,还有大量家庭教育的思考和实例。

不停地坚持了几年后,我的博客被越来越多的人所知道,许多家长也会通过我的博客来了解我的学校、我的管理和我的思考。有一天,我突然收到了这样一封信,内容如下:

尊敬的凌校长:

您好! 我是一位普通的家长。我的孩子在科大学习,科大的挂科率全国第一,孩子一年下来,修了几十个学分,无一科挂科,成绩位于全年级中等水平。我们是普通的家庭,对孩子没有太高的奢求。孩子不小心说了您是她的语文老师,请您见谅。因为孩子在初高中语文学习中经常阅读您的博客,得到您的帮助,所以孩子心里认定您是她的语文老师。

我孩子其实不是一个特别用功读书的孩子,她只是记忆力特别好。一篇古文一般诵读一两遍就会背下来,您的博文很多她能背诵,但我有时在别人问我孩子怎么学语文时,我这样说别人很难相信。加之去年孩子考试的事,很多人认为我孩子语文成绩好是省考试院送分。这让我哭笑不得。

作为母亲，我知道孩子的确花了功夫。感谢您。

曾经很多人跟我说，我孩子去年不去大学，今年可以考个清华北大，但是纵观曾经成绩比我女儿好的中考学生，很多连南大也无法考上，更不要说其他大学。所以我们不后悔现在的选择。凌校长，我女儿说，一路读您的文章，一个字：神！两个字：太神！有一天有人问我女儿，语文怎么好起来的？我女儿说，读凌校的博客，点开标题，想想凌伯伯要说什么，我自己能说什么，一看，跟自己想的有什么不同。这样一来，解决了议论文文本的问题，解决了写作的问题。综述，您写博客，真的善莫大焉！

有一天，她真的成功了，一定会登门致谢，谢谢您这个老师。博采众长，形成了一套自己的学习方法，可对急功近利的家长而言这却是行不通的。很多家长希望孩子成绩好，但却没有告诉孩子学习方法。孩子从您的博客中学习了很多语文学习的法门。我知道了孩子在同学面前夸下海口，说您是她的语文老师，请您见谅。但孩子是真心的，您的教育观点，引导了我们孩子积极向上，并且让孩子一路得到了很多好心人的帮助。

一位普通的家长：快乐的宝

2013 年

这封意外的信，对我几年来的博客经营可谓是一个小小的反馈。类似的事情，还有多例。从中我渐渐发现，有时候，可以通过博客架设一座桥，以某种更便捷、更通畅、更常态化的方式连接家长和教师。从这个意义上看，通过"校长改变—教师改变—学生改变—教师改变—校长改变"的行为文化建设模型，已经完善成了"校长改变—教师改变—家长改变—学生改变—家长改变—教师改变—校长改变"模式，家校之间的连接出现了令人可喜的新局面和新发展。

5.4.2 家校是一种连接

家长学校,几乎被每个管理者熟知,但在传统的应试压力面前,它的作用往往是极其有限的。在行为文化建设进程中,我也常在思考如何进行这一方面的工作。当管理者、教师、学生之间的行为逻辑开始建立时,如何有效地调动家长的积极性就成了当务之急。

几经讨论之后,我们决定在学校开设"家长课",所用教材即江苏省教育系统指定的家长学校材料《家长必读》(共6本,从初一到高三,我和我的团队是重要的编写人员)。下面,就本校的实践,选取一篇获江苏省一等奖的教案(因篇幅所限,内容仅是摘选):

启幕:认知篇

导引:

通过PPT展示"父母给儿女最好的礼物是教育,儿女给父母最好的报答是成才"等图片,介绍国外家庭教育在设计学生未来方面的特色。

那么,我们中国孩子的未来该如何设计呢?我们不妨先来看看课前发放的问卷的统计结果。(展示PPT制表,并请2到3位家长简要谈谈自己的认识。)

过渡:

根据上述讨论结果,师生必须先在以下两个问题上达成共识:

一、"高中"的定位在哪里;

二、"设计未来"的重要性在哪里。

对第一个问题,不妨先请家长"即兴发言",或是引用课前的统计数据,最后转述教材原文,共同总结出其具有"衔接性"、"提高性"、"拓展性"等独特价值,让家长能正确认识到高中的重要性。

另一方面,探讨高中与初中、小学的差异表现,提炼教材内容:

- 观念转型和情智趋熟

- 全面提升和终身发展

- 锻造能力和社会接轨

- 承前启后和展望未来

这些差异性,随着孩子进入高中,家长们会逐步地发现,并会随着学业的进步,表现得越来越明显。知道这些规律,适时加以积极引导,会对孩子产生终生有益的影响;反之,若是任性妄为,不管不问,采取逃避的态度,将是孩子一辈子的"祸根"。(可以选取其中一点,请家长谈。)

对第二个问题,首先引入一段视频"每天一顿打,孩子进北大",讲述的内容是有关"中国狼爸"萧百佑的家庭教育观点,介绍他坚持用最传统、最原始的方法来教育自己的孩子。家里常备藤条和鸡毛掸子,让孩子们从小背《三字经》《弟子规》,背不上来就揍。不准孩子看电视,不准自由上网,不准随意开空调。他认为,孩子是民,家长是主。打是一种文化。

对"狼爸"教育观进行讨论。

- 孩子的未来都是我们可以事先预设好的吗?

- 孩子的"好"和我们理解的"好"是一回事吗?

- 我们究竟该给孩子一种怎样的发展导向?

(过程略)

要让家长认识到:什么是孩子真正需要的,我们应该怎样正确地评价孩子,孩子的成长过程中处于第一位的是什么。这些问题的抛出,会在观点上给家长们以冲击,帮助他们认清孩子的需要和"我"的需要、孩子的"未来"和我的"愿景"之间的区别,在心理上有助于接下来教学的开展。

在上述基础上,师生总结出设计未来的三个重要性:

- "伴"孩子一起设计属于自己的人生

- "领"孩子看准前进的方向

● "促"孩子自信地追逐理想

活动1：

为了切实地体现家长"伴"、"领"、"促"这些家庭教育中的关键词，丰富课堂形式，可以设计一个贴合家庭教育实际的亲子活动。

活动1　我和孩子一起制定一份学习计划

● 和孩子定好原则：

1. 抓住黄金时间记忆。比如：一天之中，早晨6至7点之间，人的记忆力最佳；中午一定要休息30至50分钟；一天的睡眠不能少于8小时；晚上睡前也是记忆的好时段。

2. 尊重生物钟。因人而异，有人上午效率高，有人下午佳，还有人则是晚上。结合实际，做到"当学则学，当睡则睡"。

3. 学习要有时间限制。制定计划时，要有一定的"压力"和"效率"，限时间、限速度、提高准确性。

4. 及时总结。

5. 了解自己，实事求是。

● 活动内容：

在掌握上述原则的基础上，结合孩子的实际和自己的辅导实际，共商出一个在规定的时间、规定的地点做规定活动的方案。注意，是通过"伴"的过程，达到"领"的目的，然后才可能"促"成孩子的健康成长。

关键篇

（学会抓关键——陪伴孩子合理地设计未来）

活动：

请不同背景的家长说一说自己心目中对孩子成长的设计思路，选取几种，采取举手投票的方式，看看哪种最有代表性。

教师预设出常规的思路：

中考成绩(基础) $\xrightarrow{\text{提升目标名次}}$ 高一年级考试科目考分 $\xrightarrow{\text{提升目标名次}}$ 高二年级考试

科目考分 $\xrightarrow{\text{提升目标名次}}$ 高三年级考试科目考分 $\xrightarrow[\text{对应录取等级(本一、本二等)}]{\text{提升考分区域坐标}}$ 高考成绩 →

录取期望的大学及专业 $\xrightarrow{\text{以学历、文凭为资本}}$ 谋求理想的职业岗位

过渡:

a. 关键之一:求素质,综合发展

思考:素质等于分数吗? 请所有家长讨论。借助讨论和分析,可以让家长渐渐明晰:学生的素质绝不仅仅是分数,而是学生的全面发展。更重要的是,这一切与家长的观念、家庭环境有着密不可分的关系。

需要注意的是,在培养孩子素质时,有些误区是家长需要注意的,教师可以用关系图的形式讲解,简洁明了:

(从正反两方面论述家长对孩子素质形成的影响)

受遗传因素影响,孩子的天赋是不同的

孩子不同技能的发展是不一样的

评价的孩子的指标是多元的

相信 → 耐心 → 启迪 → 鼓励

做一个善于发现和有智慧的家长

(列举家庭教育的误区)

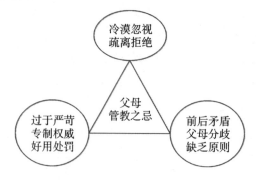

b. 关键之二:挖潜能,造就特长

首先请家长谈谈自己的孩子是否有潜能,又是如何培养或熏陶的。教师投影PPT进行小结。(略)

c. 关键之三:以修德引领人生

一般意义上,我们可以将教育分成"德智体美劳"五个方面,而德育是"五育"之首。德育上的成功指至少在"做人"上,孩子是成功的,而"做人"又成为社会对公民的基本要求,是排在"智育"(即分数)前面的。反过来说,德育的失败,将是教育最彻底的失败。所以,家长们对此应有高度的认识。

教师小结:真正培养孩子学会"做人",学会排除日常生活中的种种诱惑,学会抵制不良风气,养成良好的品性,是每一个家长需要用很大的力气才能解决的问题。这其中,不断培育和强化孩子的责任感,是教会孩子做人的"基本点",也是杜绝上述种种恶习的重要条件之一。

落幕:关注篇

（关注常见误区——陪伴孩子合理地设计未来）

a. 关注之一:过去不等于未来,每个孩子都有成功的可能

我们很多家长都过低估计了孩子的能力。其实,孩子的未来既在他们的手中,也在家长们的手中。想让孩子成功,要有三方面的条件:

1. 信任——孩子成功的基础(过程略)

2. 赏识——孩子成功的源泉(过程略)

3. 兴趣——学习成功的动力(过程略)

家长讨论后,由教师和家长们分享成功教育的信念:"相信每个孩子都有成功的愿望,相信每个孩子都有成功的潜能,相信每个孩子都可以取得多方面的成功。"

b. 关注之二:角色不能错位,孩子是人生设计的主体

首先播放一段视频,取自于央视的"第二起跑线之父母管教太多(上)",讲述的主

要内容是家长在孩子升入高中后，仍然时时处处不放心，习惯"包办"和忽视孩子真实的声音，以及在此情况下出现的亲子矛盾和危机。以此引导家长思考：

- 您是否也习惯于帮孩子拿主意呢？
- 您是否在这方面和孩子产生过冲突，若是有，又是如何解决的？
- 您觉得可以通过哪些工作来预防这些问题的出现？

（过程略）

教师小结：实际上，父母管得太多、太宽，很大程度是对孩子的不放心，而不放心的原因又是太爱孩子、太舍不得孩子。其实，我们要充分注意到，孩子既是被教育的对象，同时又是教育的主体，他们有自己的思想和主张，我们家长应该更加注意尊重他们的主体地位。那如何做到呢？

过渡：

给孩子（引自课本内容）：

一个空间，让他自己往前走；一个时间，让他自己会安排；

一个条件，让他自己去锻炼；一个问题，让他自己去解决；

一个困难，让他自己去克服；一个机遇，让他自己去把握；

一个冲突，让他自己去探讨；一个对手，让他自己去竞争；

一个权利，让他自己去选择；一个题目，让他自己去创造；

一个自由，让他自己去发挥；一个指点，让他自己去设计。

c. 关注之三：难能可贵平常心，过高的期望只能导致失望

阅读材料：面对父母的过高期望，某中学做了主题调查，得出下列数据：76%的学生感到疲乏，64%的学生感到担心，36%的学生感到厌倦，10%的学生感到恐惧，只有20%的学生感到自信，4%的学生表示振奋。

教师建议：有时候，希望越大，失望越大。作为家长，要对孩子的未来保持"合理期待"，而不能好高骛远，给孩子徒增压力。具体可作如下的尝试：

1. 学会理解孩子，变对立为合力。

2. 学会与孩子沟通,变压力为动力。

3. 学会调整期望,挖孩子潜力为实力。

4. 学会一起制订切实可行的计划,使实现期望目标有保障。

……

(家长可以讨论,对上述建议进行补充和完善,或是谈谈自己在实践中是怎么做的。)

教师小结:其实,所谓的平常心就是能对孩子有个正确的估计和期待,既不让孩子妄自菲薄,也别对他们拔苗助长。我们认为,只有孩子身体健康,品行端正,具备一定的综合素质,将来能自立于社会,并找到适合自身发展的人生坐标,这就是家庭教育的成功。

5.4.3 夫妻之间的连接

家庭教育中,夫妻两人之间的连接是十分必要的,比如观点、态度、言语等,都需要注意。我们知道,孩子的培养不是哪一个人的事情,而是夫妇两个人共同完成的。妻子在教育孩子的时候丈夫要支持,最低限度即是不干预;反过来说,丈夫在教育孩子的时候,妻子也要支持,尽管两人的观点有时候可能不太一样。

我们家孩子,因为是女孩子,语言发育得比较早,幼儿园老师就安排她学讲故事。可小孩子毕竟只有三分钟的热度,她讲啊讲啊就不愿意讲了,同时还带来一个问题:稍微长一点的故事,她就记不住。后来幼儿园里办比赛,要表演,这该怎么办? 那我们做家长的就要和幼儿园配合好。我们就用录音机让她一边说一边录,录好之后再放给她听,但是小孩子还是没有自觉性。这个时候我们就进行了干预,而干预最主要的办法是讲道理。但有时小孩子是不讲道理的,要有相应的措施跟进,比如没有讲好,就不能玩其他游戏和玩具。

遇到诸如此类的问题,怀特海主张适度体罚,他认为在孩子兴趣上不来的时候"可以用体罚来引起兴趣"。当然这需要父母同心一气，也就是我前面所说的，当一方采取某种手段时，另一方至少不应该公开"干预"。

洛克认为，"孩子们的天性使他们的思想倾向于游移不定，新奇的事物可以吸引他们，只要有诸如此类的事物出现，他们都会立刻急切地要去尝试，但过后就厌腻了。他们对同一件事很快就会觉得厌倦，所以他们的快乐几乎都是建立在变换和多样化上面。要让孩子去固定他们那稍纵即逝的思想，是与儿童时代的天性相矛盾的"。如何解决这样的问题，洛克的建议是："不要每次看见孩子受了一点点痛苦就去怜悯他们，或是让他们自我怜悯。""接下来要做的是：有时要特意让他们受点痛苦，但一定要注意，要在孩子情绪良好、并且确信使他受到伤害的人原本是出于好意的时候，才能这么做。这样做时一方面不能有生气或不高兴的迹象，另一方面也不能有同情的迹象或是对自己的行为表示忏悔，而且要确定这痛苦不能超出孩子所能忍受的程度，不能引起孩子的埋怨、误会或是被他当做一种惩罚。"

我的观点是在教育孩子的问题上，父母要同心一气；一是选择了的事情，一定要坚持做到底；二是该惩罚的时候，还是要惩罚，但要把握好一个度。

后　记

　　我从教三十多年，其间从事中学教学管理及学校管理累计22年。在这22年的管理工作中，我不断学习，不断反思，努力寻找着教育好玩的一面。我主持学校全面工作的时间总共只有六年，但这六年却是我人生中最为难忘的时光，不是因为我是校长，而是因为这六年是我与全校师生员工共同探索、实践学校行为文化的六年，也是我教育生涯中比较好玩的六年。

　　我总觉得，当你觉得教育是一件好玩的事，你就会兴致满满、情绪高涨。因为好玩，才会沉迷其中。

　　在我接手金沙中学时，已经在那里做了两年多的副校长，前任校长工作勤奋、思路清晰、为人忠厚，我们的合作很是愉快。因为学校连续发生了几起校园事故，中途他被调离了，尽管我很为这样的调离而伤感，但也只能无奈地面对眼前的困难了。

　　改变从何处开始？我悉心研究了学校80年来的发展沿革，将几近被人遗忘的历史重新整理，发现如此厚重的历史文化底蕴必将在某种程度上增强办学自信。比如，清末状元张謇当年题写的校训是"以学愈愚"这不就是我所向往的"开启智慧，润泽生命"的教育吗？于是我将这四个字放大装帧在学校大门屏风墙面上，并请张謇的孙子张绪武先生为学校题写了校名。在此基础上，经过充分酝酿，我们提出了"秉承传统，彰显个性，提升品位"的管理理念和"让家长放心，让社会满意，让同行认可，让学生向往"的办学思路。金沙中学属于我们常说的"县城二中"，生源状况可想而知。要重塑形象，的确有点难。比如，放学时，学生的自行车会在机动车道上横冲直撞，让过往行人心惊肉跳。于是我们在全校组织开展了"关注生命，各行其道"的教育活动，我和导护老师天天在学校周边维持上学、放学时的交通秩序。不到一个月的功夫，学生走路，骑车就渐渐守规矩了,群众对学校的看法也随之慢慢改观了。

由于地域原因,金沙中学的家长非常重视对孩子的教育投资,包括艺术、体育等专长方面。为此,我们对高中部的办学思路进行了一定的调整,扩大了艺术班的办学规模,让那些有艺术专长的孩子专心艺考,有效地提高了学校的高考升学率,不久学校就被评为"南通市艺术教育特色学校"。本想风风火火地继续干下去,没想到自己之后就光荣转岗了。

2008年9月,我调到二甲中学担任校长。当时我就想,这一次我要把握好机会,在这里尝试一下我所理解的学校行为文化建设。我觉得作为一个后任者,对学校传统文化要有一个妥协的心理,必须在继承中发展。我们从《礼记·大学》"大学之道,在明明德,在亲民,在止于至善"这句话中得到启示,将"行于天地、止于至善"立作校训,目的是昭示学生"做诚实人、行阳光道、求真善美、立天地间"。同时,对学校原有的办学理念、办学目标,都重新作了诠释。比如办学目标,把原先"办有灵魂的教育,育有底气的人才",变为"办有灵气的教育,育有个性的人才"。我还发现学校的现状充满着"老二"的哲学:凡事得过且过,不事张扬,囿于一隅,习惯于"稳"和"慢"。如何改善这种精神状态? 还是要在"第二"上做文章,"第二"永远是第一的威胁,因为它紧紧咬住第一;同时,第二如果不努力,就可能成为第三、第四,甚至老末。于是我们又明确提出办学追求应该是什么的问题。二甲中学,今天第二,那么明天呢……借此引发全校师生去思考、分析,最终使大家认识到,所谓的"老二哲学",应该是时时提醒我们具有"前有目标,后有追兵"的忧患意识,葆有永远前行的精神状态,于是"今天第二"的办学追求也就明晰了。

二甲中学地处南通市东南一隅,学校本身的存在方式、行为方式和发展方式都深陷在竞争激烈的土壤里,面临着诸如师资、生源、区域规划调整等不可回避的缺陷。怎样将教师的情绪调动起来?我首先想到的是网络。通过建立博客,写博客,不少教师不仅精神面貌发生了变化,对教育的认识和思考也大不一样了。

在二甲中学任职的五年,我们做得最多的事就是校本培训。培训坚持围绕"'今天第二'理念下的'学校行为文化建设'"来展开,通过读书活动、专家讲座、学术沙龙、课堂诊断等校本研修活动,以及走出去参观学习等多种形式,改变了教职工的教育理念和行为方式。我们的行为文化建设,不仅有行动,更有自己的理论建树。

2013年暑期,因为年龄原因我从校长位置上退了下来,不少同仁建议我将这些年的实践与探索汇集起来与更多的人分享,加上这个实践与探索还是南通市的一个立项课题,也需要做个总结。于是我与朱建、邱磊、季勇一起将五年来积累的资料汇总了一下,在陈海滨老师的帮助下形成了这个册子。

应该说,没有金沙中学、二甲中学师生员工的鼎力相助,没有全国各地的专家、学者、编辑、记者的指导与帮助,我们的实践与探索是不可能坚持下来的。如果说我们的探索与实践还有一点价值,首先要感谢的就是他们。

这个册子今天能够呈现出来,要感谢华东师范大学出版社的彭呈军先生和郑月编辑,感谢他们的策划以及在编辑过程中提出的中肯建议和付出的辛勤劳动。也要感谢张文质先生和邝红军老师、朱永通老师、张以瑾老师以及所有关心这个册子的朋友。当然更要感谢我的家人,没有他们的支持我也没有这些精力去思考与实践。

如今这本册子即将付梓,我期待的唯有批判,因为一但成为印刷品的文字,也就意味着谬误的流传,为纠正谬误唯有批判,这正是批判教育学给我的提醒。

凌宗伟

2015 年 5 月 28 日于嗜书斋